"西迁精神"的核心是爱国主义，精髓是听党指挥跟党走，与党和国家、与民族和人民同呼吸、共命运，具有深刻现实意义和历史意义。要坚持党对高校工作的全面领导，坚持立德树人，建设高素质教师队伍，努力培养更多一流人才。

——2020年4月22日习近平在西安交通大学考察时的讲话

"西迁精神"的核心是爱国主义，精髓是听党指挥跟党走，与党和国家、与民族和人民同呼吸、共命运，具有深刻现实意义和历史意义。要坚持党对高校工作的全面领导，坚持立德树人，建设高素质教师队伍，努力培养更多一流人才。

——2020年4月22日习近平在西安交通大学考察时的讲话

图说报史：西安交通大学

策划 荣命哲
主审 成进
主编 吕青 赵大良

西安交通大学出版社
XI'AN JIAOTONG UNIVERSITY PRESS

图书在版编目（CIP）数据

图说校史：西安交通大学/吕青，赵大良主编.--
西安：西安交通大学出版社，2022.7
ISBN 978-7-5693-2023-7

Ⅰ.①图… Ⅱ.①吕…②赵… Ⅲ.①西安交通大学
-校史 Ⅳ.G649.284.11

中国版本图书馆CIP数据核字（2022）第068465号

书　　名	图说校史：西安交通大学 TUSHUO XIAOSHI：XI'AN JIAOTONG DAXUE
主　　编	吕　青　赵大良
责任编辑	柳　晨
责任校对	赵怀瀛
装帧设计	任加盟　荣　西　伍　胜
出版发行	西安交通大学出版社 （西安市兴庆南路1号　邮政编码　710048）
网　　址	http://www.xjtupress.com
电　　话	（029）82668357　82667874（市场营销中心） （029）82668315（总编办）
传　　真	（029）82668280
印务管理	深圳市航骏实业有限公司沙河分公司
印　　刷	深圳市德信美印刷有限公司
开　　本	787mm×1092mm　　印张 19.5　　拉页 3　　字数477千字
版次印次	2022年7月第1版　2022年7月第1次印刷
书　　号	ISBN 978-7-5693-2023-7
定　　价	150.00元

如发现印装质量问题，请与本社市场营销中心联系。
订购热线：（029）82665248　（029）82667874
投稿热线：（029）82668133

版权所有　侵权必究

《图说校史》编审组

组　　长：荣命哲
副组长：成　进　吕　青　赵大良
顾　　问：潘　季　史维祥　王文生　徐通模　王建华　郑南宁　张迈曾
　　　　　史东发　朱宏亮　闫剑群　赵昌昌　贾箭鸣
成　　员（按姓氏笔画排序）：
　　　　　弋景峰　马晓彬　王秋旺　申　丹　白小萱　刘长江　苏　翔　李成杰
　　　　　李　重　杨　森　吴宏春　宋希斌　张　萍　张定红　张　伟　陆根书
　　　　　周　远　郑旭红　胡建平　贺长中　贾毅华　高　彦　黄忠德　鲁　伟
　　　　　温广瑞　雷利利　薛周利

《图说校史》编写组

主　　编：吕　青　赵大良
副主编：杨澜涛
编写成员：张小亚　叶晨露　杨澜涛　成杏丽　王青干　洪　楠　姬晓鹏

前　言

兴学强国，西迁创业，百年奋斗，波澜壮阔。一部西安交通大学的历史，折射出近现代中国高等教育的变迁与发展，体现的是一代代交大人爱国奋斗的心路历程。

西安交大为国家民族而生，为时代而生。1896年创建迄今126年来，交大人的骨气、志气和底气，书写在革命先烈"用我们的血来写革命的第一章"的崇高理想中，书写在西迁师生"打起背包就出发"的豪迈气概中，书写在"作为一名中国的科技工作者，活着的目的就是为人民服务"的坚定信念中，也书写在抗疫斗争最前沿。历史大潮奔涌向前，交大人坚定的爱国志向、永恒的科学信仰、立德树人的生动实践，令西迁精神熠熠生辉，令创新华章更加光彩夺目。

爱国，是人世间最深沉、最持久的情感，也是兴学强国的强大动力。交大人不能忘记，南洋公学是在甲午战后的疾风暴雨中拔地而起的，创校前贤"自强首在储才，储才必先兴学"的嘹亮呐喊，有力地回应着爱国主义的时代号角。从南洋公学到交通大学，师生员工高举爱国主义旗帜，"实心实力求实学，实心实力务实业"，励精图治，开拓奋进，"为世界之光"，为国家民族贡献出一所卓越的工业学府。同样，交大人也不能忘记，在国家独立、民族解放的征程上，学校由"民主堡垒"成为红色摇篮，志士仁人为追求真理而前赴后继、英勇献身。

1956年，交通大学响应党的号召，从黄埔江畔来到渭水之滨，"向科学进军，建设大西北"，扎根西部、砥砺奋进，再铸辉煌，改变了西部没有规模宏大的多科性工业大学的局面，支持了西部地区经济社会发展，特别是2000年西安交通大学、西安医科大学和陕西财经学院三校合并迄今，学校获得了更快更好发展，走到了创新前列，落实了党中央通过教育布局、工业布局调整，推动西部发展的战略部署，谱写了教育战线服务社会主义革命和建设以及改革开放和社会主义现代化建设的一曲伟大壮歌。六十多年的忘我奋斗，几代交大人的不懈努力，铸成西迁精神巍峨丰碑。

2020年4月22日,习近平总书记到西安交通大学考察调研,参观交大西迁博物馆、亲切会见西迁老教授,勉励广大师生大力弘扬西迁精神。习近平总书记深刻地指出,"西迁精神的核心是爱国主义,精髓是听党指挥跟党走,与党和国家、与民族和人民同呼吸、共命运,具有深刻现实意义和历史意义"。总书记为我们进一步弘扬和传承好西迁精神、建功立业新时代指明了方向。

立足新时代的历史方位,面对世界百年未有之大变局,交大人以习近平新时代中国特色社会主义思想为指导,深刻把握"两个确立"的决定性意义,增强"四个意识",坚定"四个自信",做到"两个维护",立足"两个大局",胸怀"国之大者",坚持"四个服务"和"四个面向",以立德树人为根本,以"双一流"建设为契机,紧密聚焦国家战略,全面提高学校创新能力,着力培养堪当民族复兴大任的时代新人,助力国家加快实现科技自立自强,创造了学校事业蓬勃发展的崭新局面。

历史长河滚滚向前,时代号角催人奋进。在这个大有可为的新时代,西安交大将始终听党指挥跟党走,为党育人、为国育才,传承西迁精神,勇担国家使命,共创交大荣誉,为建设高质量教育体系,为陕西新时代追赶超越,为西部高质量发展,为全面建成社会主义现代化国家,为中华民族的伟大复兴作出更多交大贡献!

继往开来,薪火传承。为迎接党的二十大胜利召开,让广大师生校友深入了解学校辉煌办学历程、深厚革命传统和丰硕育人成就,凝聚起团结奋斗的磅礴力量,踔厉奋发为实现党的第二个百年奋斗目标努力工作学习,奉献聪明才智,学校组织编写了《图说校史》一书,作为"四史"学习的参考资料,也是深入学习西迁精神的一个窗口。限于水平,其不足之处多有所在,恳请批评指正。

西安交通大学

2022 年 5 月

目录

第一章 开拓中国高等教育（1896—1906） 1
    一、甲午兵败，兴学强国 1
    二、设学上海，初名南洋 2
    三、南洋泱泱，中华之光 4

第二章 高擎工业救国旗帜（1906—1921） 18
    一、转办工科，奠基伟业 18
    二、工文并重，中西并举 23
    三、勤勉办学，实育英才 24
    四、爱国爱校，蔚然成风 30

第三章 交通大学卓立东方（1921—1937） 32
    一、交通大学起航 32
    二、"理工管"结合的格局 36
    三、造就建设人才最高学府 39
    四、中共交通大学党团支部成立 48
    五、名师荟萃育英才 50

第四章 烽火岁月砥砺奋斗（1937—1949） 54
    一、上海法租界时的交通大学（1937—1945） 54
    二、在重庆的交通大学（1940—1945） 57
    三、战后复员（1945—1949） 63
    四、党总支成立领导革命斗争 69

第五章　开启历史新纪元（1949—1955） ... 74
一、军事管制委员会接管 ... 74
二、院系调整与支援新中国工业建设 ... 75
三、改组成立中共交通大学委员会 ... 77
四、培育社会主义建设者 ... 78
五、祖国需要到哪里就到哪里 ... 84
六、苏联支援建设 ... 86

第六章　听党指挥内迁西北（1955—1959） ... 88
一、中央决定，交大西迁 ... 88
二、雷厉风行，共赴西安 ... 94
三、统筹全局，主体西迁 ... 98
四、西迁先贤，后世楷模 ... 102

第七章　扎根西部建功立业（1959—1978） ... 113
一、实行党委领导下的以校长为首的校务委员会负责制 ... 113
二、努力建设先进的社会主义工业大学 ... 115
三、引领中国高等工业教育的改革与发展 ... 116
四、努力培养一流师资 ... 118
五、向科学进军 ... 120
六、服务国家和西北工业化建设 ... 123
七、如磐岁月砥砺前行 ... 132

第八章　改革开放星耀西部（1978—2000） ... 135
一、改革开放焕生机 ... 135
二、入选国家重点建设行列 ... 139
三、深化管理体制改革 ... 141
四、全面改革教学提升人才质量 ... 143
五、国家实验平台助力科技创新 ... 155
六、建设红专结合的人才队伍 ... 160

七、开拓国际交流新篇章 165

　　八、校园文化活跃多彩 169

第九章　北医西迁振兴西北（1912—2000） 174

　　一、燧火开源遂，北京开医道（1912—1937） 174

　　二、抗战迁陕，浴火重生（1937—1945） 177

　　三、扎根长安，造福西北（1945—1949） 184

　　四、尚德尚医，砥砺前行（1949—2000） 186

第十章　经世济民学以致用（1928—2000） 203

　　一、法商内迁，为国育才（1928—1960） 203

　　二、独立建院，六次更名（1960—2000） 207

第十一章　续写世纪新篇章（2000—2012） 227

　　一、三校合并，开启开发西部新篇章 227

　　二、加强党的领导，建设世界知名高水平大学 228

　　三、深化教育教学改革，培养社会主义建设者和接班人 233

　　四、加强协同创新，增强科研竞争能力 238

　　五、实施人才强校战略，建设高水平人才队伍 245

　　六、围绕国家地区重大需求，提高服务经济社会发展能力 248

　　七、持续拓展国际合作，提升国际交流水平 250

　　八、加强基础设施和校园环境建设，扎实推进民生工程 252

　　九、坚持优良传统，培育优秀大学文化 253

第十二章　新时代新征程（2012—2021） 255

　　一、西迁精神永放光芒 255

　　二、坚持和加强党的全面领导，开创党建工作新局面 259

　　三、创新体制机制，探索一流大学建设新形态 263

　　四、为党育人、为国育才 266

　　五、坚持"四个面向"，不断增强科研创新能力 276

六、坚持人才强校战略，建设一流师资队伍.................286

七、强化使命担当，服务经济社会发展.................293

八、落实国家"一带一路"倡议，实施"一体两翼"国际交流合作战略......295

九、扎实推进"我为师生办实事"，全面提升校园基础设施环境.................298

十、构建文化建设大格局，荣获"全国文明校园"称号.................299

后　记.................301

第一章　开拓中国高等教育（1896—1906）

1896 年，在清末维新浪潮中诞生于上海的南洋公学，是交通大学办学之始，是继天津北洋大学堂之后中国人自己创办的第二所新式高等学堂。创校人盛宣怀提出"自强首在储才，储才必先兴学"的教育救国、人才兴国理念，以培养法政、外交、商务等现代化人才为目标，先后在南洋公学内设立师范院、外院、中院以及上院等，探索实行分年级分班教学模式，建立层级递进的教育体系，奠定了我国小、中、大学三级学制的雏形。

一、甲午兵败，兴学强国

自 1840 年起，西方列强先后两次发动鸦片战争，使中国沦为半封建半殖民地社会。19 世纪 60 年代初至 90 年代末，在奕䜣、曾国藩、李鸿章等主持下，以自强求富为目标的洋务运动兴起，清政府学习和引进国外科学技术，兴办军事工业和厂矿、船运、铁路等民用工业。洋务运动中兴，中华

1872 年成立轮船招商局

民族近代工业的发展迫切需要与之相适应的新型人才。开办新式学堂，培养强国人才成为时代强音。

"唤起吾国四千年之大梦，实自甲午一役始也"。1894 年中日甲午战争爆发，洋务运动着力建造的北洋水师全军覆没，促使一批爱国人士重新探寻国家与民族复兴的出路。以康有为、梁启超等为代表的

1894 年甲午战争中北洋水师全军覆没

维新派掀起了一场声势浩大的维新改革运动。为实现抵御外辱，挽救危亡之大计，社会各

界仁人志士不分派别和阶层普遍认识到改革的关键在于人才,人才的培养在于教育,兴办新式教育刻不容缓。南洋公学即诞生于这一时代背景之下。

二、设学上海,初名南洋

选址上海

南洋公学创设于上海,既与创始人盛宣怀个人因素有关,又得益于上海在近代中国历史上得天独厚的自然地理、人文环境和发达的工商业经济以及引领全国教育新风的社会氛围。19世纪末,上海已迅速发展成为全国航运中心、工业中心和金融中心。上海工商金融业的发展极大地推动了各级新式学堂的诞生和发展。上海成为由科举制度下的近代中国传统教育向西学为主的新式教育转型的前沿阵地,

20 世纪初的上海外滩

涌现出一批包括外国教会设立、中国官办和私立的新式学堂,如 1878 年创立的正蒙书院(后改为梅溪学堂),创始人张焕纶后来成为南洋公学初创阶段的华总教习。

筹划设学

盛宣怀(1844—1916)

1896 年盛宣怀卸任天津海关道,担任位于上海的铁路总公司督办,总领上海轮船招商、电报、纺织、银行等大部分洋务事业,并常驻上海。这为在上海创设南洋公学提供了便利和可能。

1896 年 3 月,盛宣怀"禀明两江总督刘坤一,筹款议建南洋公学";同年 10 月,他又连续向清廷呈递《条陈自强大计折》《请设学堂片》等奏折,建议"在京师及上海两处各设一达成馆,取成材之士,专学英法语言文字,专课法律、公法、政治、通商之学",并呈报"筹款议建南洋公学,如津学之制而损益之"。1897 年 1 月 14 日,他又上书朝廷《筹建南洋公学及达成馆舍片》,奏请北京的达成馆经费由户部拨给,原拟在轮、电两局每年筹集的十万两银元"自当还充

南洋公学之用，俾得赶紧兴建，庶几早一日开学，即早一日成才"。1897年1月26日，盛宣怀创建南洋公学的奏折最终得到清政府的正式批准。

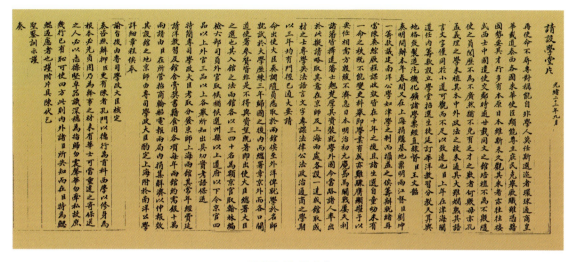

《请设学堂片》

开学授课

南洋公学选址在上海城南高昌庙附近。盛宣怀一方面说服经正书院创始人经元善停办其书院，妥善安置书院师生，将书院校舍校产等捐用开办大学堂的基础房舍；另一方面，令南洋公学主创者之一钟天纬在周边购置民地农田，两项共计50亩土地为开办南洋公学所用。

招生开学与寻址筹资同时进行。1897年3月2日起，盛宣怀以个人名义在《申报》连续11天登载招生启示，招考南洋公学师范院学生。历时50多天，经过盛宣怀、何嗣焜、张焕纶等严格挑选，

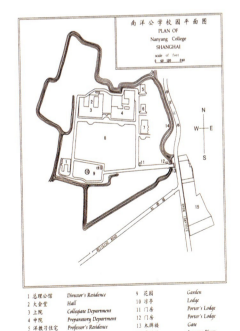

南洋公学校园平面图

南洋公学关防

公学最后录取30名师范生。1897年4月8日，南洋公学师范院正式开学。此为西安交通大学4月8日校庆日的来源。

【校史故事】南洋公学创始人盛宣怀

盛宣怀西装照

盛宣怀（1844—1916），字杏荪，江苏武进人，洋务派代表人物，著名的政治家、企业家和慈善家，南洋公学开创者。1896—1905年担任公学督办，举凡筹集资金、确定方针、遴选人才、规划校址、派送留学生等盛宣怀均事必躬亲，奠定了兴学育人千秋基业。

盛宣怀创造了11项"中国第一"：第一个民用股份制企业（轮船招商局）；第一个电报局；第一个内河小火轮公司；第一家银行（中国通商银行）；第一条铁路干线（京汉铁路）；第一个钢铁联合企业（汉冶萍公司）；第一所高等师范教育机构（南洋公学师范院）；第一个勘矿公司；第一座公共图书馆；第一所近代大学北洋大学堂（今天津大学）；创办了中国红十字会等，所创事业涉及轮船、电报、铁路、钢铁、银行、纺织、教育诸多领域，影响巨大，垂及后世。

盛宣怀认为，国家欲图自强，筹设学堂、培育人才是关键。在全力兴办洋务之际，他深感"不谙文语，每逢办理交涉备尝艰苦"，故坚信"兴办新学，培养通晓外语、懂技术的新式人才"是清政府"练兵、理财、兴学"救亡方略实施之关键。由此，1895年他首先在天津创办了中国近代最早的新式大学——北洋西学学堂（即后来的北洋大学堂）；经年余努力筹备，1896年于上海创办南洋公学。

三、南洋泱泱，中华之光

"南洋公学"校名之由来

"南洋公学"内涵深邃，"公学"借用西语，"西国以学堂经费半由官民所捐，半由官助者为公学。今上海学堂之设，常费皆招商电报两局众商所捐，故定名曰南洋公学"。南洋公学办学经费来自盛宣怀所管辖的轮船招商局和电报局，每年商捐十万两白银，但公学与两局并没有隶属关系，两局除了按期供款，从未干涉过校务。"南洋"与地理位置相关，长江以南沿海时称南洋。其与早一年开办之"北洋大学堂"遥相呼应。

南洋公学初创以培养现代法政类人才为办学方向；1903年依据清政府颁布的《壬寅学制》规定，学校办学方向由政学转为实学，由培养政治家转为培养精通商学的实业人才。

主创人物

盛宣怀自任南洋公学督办，总揽全局。设总理（校长）1人，聘请他的同乡何嗣焜担任；设华总教习1人，聘请前梅溪书院负责人张焕纶担任；设监院（洋总教习）1人，聘请美国传教士、前汇文书院院长福开森担任。同时，设提调（行政）、文牍、庶务、司会计、医生各1人，图书兼备教习2人。

何嗣焜（1843—1901）

何嗣焜，字梅生（眉苏），江苏武进人，南洋公学主要筹办者之一。1897—1901年出任公学首任总理，主持日常校务。任职期间，勇于开拓，为兴建校园、延揽师资、制定章程、规范教学等付出艰辛努力。1901年因积劳成疾不幸猝逝于办公桌前。

福开森（1866—1945）

福开森，美国人，1897—1901年任南洋公学监院（洋总教习）。在任期间致力于校舍建设、课程制订、聘任海外师资、开展外文教学等，饶具建树。校档案馆藏有1897年南洋公学总理何嗣焜以优厚待遇聘任福开森为监院的合同书。

办学章程

创校初期,南洋公学即注重建章立制,严谨办学。其中有两份章程最为重要。

第一份《南洋公学章程》,是南洋公学首任总理何嗣焜于1897年制定并亲笔书写的中国近代高校现存最早、最完备的一份纲领性文件。章程全文共分十五章,4300余字,对校长、教务长、中外教师、办事员等岗位职责做了明确的规定,对学生的课堂、宿舍、餐厅和仪节、奖励、惩罚等方面管理做出详细的规范。该《章程》是南洋公学办学的重要依据,也是中国近代大学管理的范本,对研究中国现代大学管理体制发展有很高的参考价值。

南洋公学章程(1897年何嗣焜手定)

第二份章程是南洋公学创始人盛宣怀于1898年6月12日向清政府呈报《筹集商捐开办南洋公学情形折》的附件。该章程共分九章二十节,分别从设学宗旨、分立四院、四院学生班次等级、学规学课、考试、试业给据、藏书译书、出洋游学、教员人役名额九个方面陈述近代大学的办学体制和规章制度。该折页经光绪皇帝御览(左上角朱批"览"字),原件保存于中国第一历史档案馆。

办学体系

南洋公学办学组织系统

南洋公学办学组织系统	主体部分	师范院(1897年4月—1903年3月) 外　院(1897年11月—1899年12月)　　高等小学堂(1898年4月—1903年7月) 中　院(1901年3月—1927年)　　　　高 等 预 科(1903年9月—1908年) 上　院 { 铁路班(1900年12月—1902年1月) 　　　　　特　班(1901年9月—1903年3月) 　　　　　政治班(1902年9月—1903年初)
	附属部分	译 书 院(1898年8月—1903年12月) 东文学堂(1901年11月—1903年3月) 商务学堂(1903年)

首设师范院

盛宣怀认为"师道立则善人多，故西国学堂必探源于师范。蒙养正则圣功始，故西国学程必植基于小学"。公学最先设立师范院，目的是为中学、小学培养师资。南洋公学师范院开中国师范教育之先河。师范院严格实行"五层格"式逐级考核培养方式，是我国近代教育史上分层级教学的源头。

师范院实行五层格培养模式（图为沈庆鸿的第一层格"蓝据"样式）

师范院师生编写的课本

师范院院歌《警醒歌》

师范院自1897年开办至1903年停办，七年共计培养学生81人，其中包括著名的学者、政要吴稚晖、纽永建，教育家沈庆鸿（沈心工）、王植善，辛亥革命烈士白毓崑（白雅余），史学家孟森等。

1897年南洋公学师生合影

外院

南洋公学附属小学
首任主任陈懋治

外院，即师范院附属实验小学，于1897年11月9日开办。南洋公学仿效日本师范院有附属小学之法，创办外院，目的一为解决中院生的来源，二为师范生提供教学实践基地。经过严格选拔，首批招考录取8～10岁幼童80余名，学制三年。大部分外院生毕业后直接升入中院（即中学），至1899年，外院裁减为外班，外院建制取消。

因南洋公学缺乏生源，何嗣焜总理经督办盛宣怀批准，设立南洋公学附属小学堂，于1901年开学。至1927年，附属小学改组为私立南洋模范中小学。外院（含附属小学）为交通大学中院、上院（即大学）输送大批高质量的学生，如胡敦复、李复几、邹韬奋、蔡锷、鲍国宝、周厚坤、胡明复、胡刚复、徐谟、傅雷、杜定友、张光斗等。

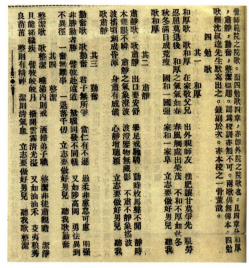

外院院歌《四勉歌》

1898年南洋公学师范生和外院生合影

外院杰出校友

蔡锷	周厚坤	徐谟	傅雷
政治家、革命家、军事家	发明第一台中文打字机	国际法院首位中国法官	翻译家、文学评论家

中院

中院，即中学，是南洋公学四院建制中的中间环节，教育目标是"学生有充分预备而升入大学"。1898年2月12日，南洋公学在《申报》刊登招考中院生告白，4月23日，中院正式开学授课。中院采用学年班级授课制，分为4个教学班，每班学额30人。

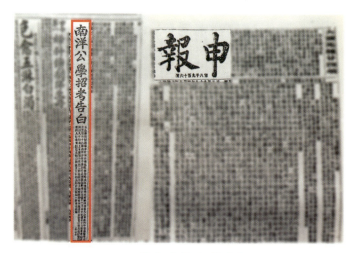

1898年中院生招考告白

 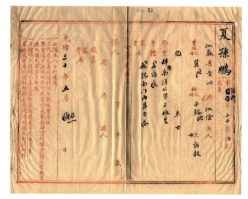

1904年南洋公学赴江西萍乡勘测铁矿实习学生履历表（胡壮猷、夏孙鹏）

中院杰出校友

张铸　　　　蒋梦麟　　　　杨荫杭　　　　邵长光
教育家　　　教育家　　　　法学家　　　　教育家

蔡元培与特班

应清政府行新政、开特科之需，为培养实业、政治急需的新型精英人才，1901年4月19日，南洋公学总理张元济在盛宣怀的授意下开设经济特科班，简称特班，旨在"以待成才之彦士有志西学"。经过严格的笔试和面试，招录42名特班生，1901年9月正式开学。蔡元培任特班总教习。在他主持下，特班采取新颖的读书加笔记的教育方法，特班教学风气为之一新。

蔡元培（1868—1940）
民主革命家、
教育家、思想家

南洋公学特班部分学生成绩表

特班杰出毕业生

李叔同
教育家、文化艺术大师

黄炎培
民主革命家、教育家

邵力子
教育家、政治家

谢无量
文学家

选派留洋生

清末教育科技水平落后，高等教育尚处于起步阶段。盛宣怀将留学教育视作国家培养新式高级人才、实现民族自强的关键。他主张学生毕业后必须出国深造，躬验目治，方能真正成为学有所成、术有专攻的人才。从1898年底至1905年初，公学不惜投入巨资，派学生赴日本、美国、英国、比利时等国留学。据统计，留学经费约占南洋公学时期（1896—1904）办学总经费的17%。

南洋公学留学比利时12名学生合影

南洋公学历年留学经费

时间	日本		美国		欧洲		合计	
	经费/规元	人数/人	经费/规元	人数/人	经费/规元	人数/人	经费/规元	人数/人
1898	1977.12	6					1977.12	6
1899	2102.35	6					2102.35	6
1900	1959.00	5	1848.71	2			3807.71	7
1901	2107.88	5	21073.37	10	5979.48	4	29160.73	19
1902	998.61	2	1134.98	11	12064.63	5	14198.22	18
1903	455.65	1	11077.82	10	9771.89	4	21305.36	15
1904	365.00	1	27340.00	23	36557.27	17	64262.27	41
合计	9965.61	26	62474.88	56	64373.27	30	136813.76	112

留洋生回国后，主要从事实业、教育、外交、司法等领域工作，他们在各自领域均担任重要职位，成为中国近代历史上的风云人物，如王宠惠曾任中华民国外交总长、国务总理；邵长光、章宗元、张煜全曾任大学校长；雷奋、杨荫杭等曾任司法部门负责人。

知名留洋生

范源濂
教育家

王宠惠
法学家、政治家

李复几
物理学家

设立译书院

为方便学习西学，借鉴日本通过翻译西方典籍兴学育才的经验，1898年7月6日，经盛宣怀奏准朝廷后设立南洋公学译书院，聘请张元济为主任。译书院共翻译出版兵政、理财、商务、国政、税法等书籍13种50余部。1902年10月，由我国近代著名思想家、翻译家严复翻译的《国富论》（英国亚当·斯密著）中文首译本《原富》在南洋公学译书院出版。

《原富》手稿

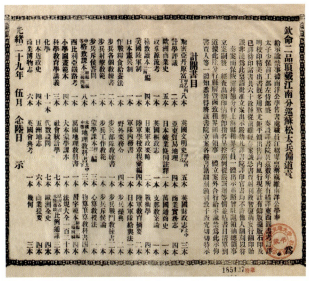
南洋公学译书院计开书目

张元济（1867—1959），浙江海盐人，南洋公学第二任总理。1898年任南洋公学译书院主任兼总校。1903年译书院停办后与商务书局合并，成立商务印书馆，张元济历任董事长等职，是我国出版事业的开拓者。

张元济在南洋公学时留影
（约1901年）

校园开新风

1897年底，南洋公学将校址定在上海西南隅徐家汇，经过两三年时间先后建起中院、上院、外院等校舍。南洋公学时期学生食宿一律免费，实行类似于军事化的生活管理模式。课程中安排有体操、唱歌等新式教育内容，还有球类、田径和演剧等课外活动，校园学习生活多姿多彩、生动活泼。

1904年南洋公学学生参加美国圣路易斯安娜万国博览会获金奖的证书

上院

中院

【校史故事】南洋公学第一次运动会趣闻

1899年冬,公学举行第一次运动会。当时国人大多尚不知运动会为何物,附近居民闻讯纷纷乘坐小船前来观阵,一时间徐家汇的几条小河被挤得水泄不通,熙熙攘攘,热闹非凡。

南洋公学早期运动会场景

运动会设有110码、220码、440码和880码跑等项目,学校特请一些上海官绅参加充当裁判。在进行110码跑比赛项目时,运动员奋力疾跑,瞬间到达终点,由于惯性使整个身子向前冲,而站在终点的裁判来不及躲闪就被冲得人仰马翻,根本无法判断谁先谁后,只好重赛。对于公学第一次运动会,校友们在后来的学生杂志里常撰文回忆。

第二章 高擎工业救国旗帜（1906—1921）

在清末走向民国的大变革时期，国学大师唐文治校长高擎"求实学、务实业"的办学理念，引领学校办学转向工科教育，率先在路、邮、电、船四大实业领域建立专科，进而向工科大学迈进，培养社会急需的实业人才。学校初步建成以工为主、工管结合的工科大学。唐文治校长倡导学生要修一等品行、求一等学问、创一等事业、成一等人才；重视新生质量，健全规章制度，师长以身作则，形成爱国、勤奋、俭朴、求实的学风和校风。

一、转办工科，奠基伟业

学校办学目标与经济社会发展紧密契合。自19世纪60年代洋务运动兴起至19世纪末，是我国近代工业的形成时期。近代工业的发展对实业人才的需要是本校转向工科教育的主要原因。从1905年起，学校改隶商部、邮传部，先后开办了与交通实业相关的商务科、铁路科、电机科、航海科、铁路管理科，形成了以工为主、工管结合的工科大学雏形，奠定了交通大学发展的基础。

唐文治（1865—1954）

唐文治，字颖侯，号蔚芝，晚号茹经，江苏太仓人，清末进士，曾任清政府农工商部署理尚书，著名教育家、国学家，中国高等工程教育的开拓者。1907年秋至1920年11月担任校长14年，开创了以工为主、工管结合、工文并重的办学特色，为交通大学的辉煌奠定了基础。"第一等人才"育人观是他继承传统文化教育精华的结果，也是他人才观的最高理想。他希望交大"造就领袖人才，分播吾国，作为模范""造就中国之奇才异能，冀与欧美各国颉颃争胜"，为此他曾征集美国所有大学的章程详加研究，努力丰富交大的办学思想及实践。唐文治坚持"求实学、务实业"理念办工科的同时，还强调"养成工业人才，注重道德，保存国粹，启发民智，振作士气，以全校蔚成高尚人格"。唐文治是交大历史上任职时间最长的校长之一。任期内，他励精图治，锐意改革，使交通大学闻名东南。蔡元培在纪念学校创办二十周年贺词中高度赞扬道："办理之妥善，成就之优美，为举国学校所仰慕"。

唐文治作词、沈心工作曲的校歌

唐文治制定的校训及释义

设立铁路科（1913 年改称土木科）

1906 年学校开设铁路工程班，1907 年秋扩充为铁路专科。这是学校历史上第一个工程专科，成为交大高等工程教育的发端。

1910 年唐文治（前排左 3）与铁路科毕业班师生合影

首创电机科（1912 年改称电气机械科）

1908 年 8 月，电机科开班授课，开启我国高等电机工程教育的先河，为推动我国工业近现代化作出重要贡献。

谢尔屯（S.R. Sheldon）1910—1927 年任电机科教授、科长

电机实验室

唐文治（前排右7）与1918届土木、电机科毕业生合影

首创航海科

1909年8月，学校创办航海科（即船科），主要为培养航海驾驶专才，唐文治任监督。这也是我国高等航海教育的发端。

1910年航海科同学录

一年级			二年级		
姓名	字（号）	籍贯	姓名	字（号）	籍贯
庞元浩	赞臣	浙江乌程	唐榕柄	伯文	广东香山
郏鼎锡	爵言	江苏元和	唐榕锦	霞村	广东香山
陆品琳	静庵	江苏华亭	黄灏	刚甫	广东香山
秦翘	甸生	江苏奉贤	叶廷芳	瑞甫	浙江象山
陆大麟	申麟	江苏青浦	盛守钰	式如	江苏靖江
张春龄	鹤侣	浙江钱塘	徐维纶	君纬	浙江桐乡
庄正权	君达	江苏奉贤	周烈忠	君适	四川遂宁

续表

一年级			二年级		
姓名	字（号）	籍贯	姓名	字（号）	籍贯
钮因祥	瑞人	浙江乌程	吴钟英	润初	江苏常州
唐榕赓	子华	广东香山	谢尹	原藩	湖南新田
唐有源	品南	广东香山	柏直	叔丞	四川荣昌
李应迟	德枢	广东南海	李俊	士奇	湖南沅江
张葆骏	恒如	江苏华亭	曾西屏	子玉	湖南祁汤
章曾涛	孟源	江苏嘉定	徐佩琨	云龙	江苏震泽
孙宜诜	怡轩	浙江海盐			
范景鎏	侣球	广东三水			
徐佩璋	公望	江苏震泽			

徐经郛
1918—1921年任铁路管理科科长

首创铁路管理科

20世纪初，在第二次工业革命的推动下，社会分工日益精细化，促使各国对工业生产管理日益重视，管理人才培养被提上日程。1918年学校在国内首次开设铁路管理科。仿照国外同类大学同类专业课程，除了国文、法文、公文程式外，其余科目悉用英文课本。课程主要由留美归国的本国籍教员徐经郛等参照美国宾夕法尼亚大学、威斯康星大学的管理及经济专业课程计划，结合本校专业设置特点拟订，学制四年，8学期48门课，分公共课部分和专业课部分。

1920年上海工业专门学校铁路管理科教员一览表

姓名	英文姓名/字（号）	国籍/籍贯	简历	任教科目	备注
徐经郛	守五	江苏青浦	本校商务专科毕业生，美国宾夕法尼亚大学理财学硕士	银行学等	兼课长（1918年3月—1921年2月）
徐广德		江苏吴江	美国宾夕法尼亚大学沃顿商学院商学士	会计学、铁路管理等	兼课长（1921年2月—1921年9月）
李纯圭	伟伯	江苏上海	美国瓦伯什大学	法学	

续表

姓名	英文姓名/字（号）	国籍/籍贯	简历	任教科目	备注
李松涛		江苏嘉定	美国哥伦比亚大学硕士	英文、政治	兼课
俞希稷	行修	江西婺源	美国伊利诺伊大学商学士、威斯康星大学政治经济学硕士	工业管理、银行学等	
朱文鑫	贡三	江苏昆山	美国威斯康星大学理学士	捷算学	兼课
李松泉	雨卿	江苏上海	美国哈佛大学电机科硕士	机械工程学、电机工程学	兼课
瞿锡庆	季长	江苏上海	美国宾夕法尼亚大学硕士	运输学	
程其达	克竞	浙江吴兴	美国俄亥俄北方大学工程学士	铁路工程学	兼课
胡士熙	春台	江苏嘉定	本校铁路专科首届毕业生，英国格拉斯哥大学工学学士	铁路工程学	兼课
吴采臣	汉声	江苏崇明	清末附生	公文程式	兼课
李颂韩	联珪	江苏太仓	肄业于江阴南菁书院，曾任清法部主事	国文	兼课
庄振声	劬庵	江苏吴县	上海徐汇公学毕业	法文	兼课
朴尔弗	H.E.Pulver	美国	美国威斯康星大学工学士	铁路统计学	兼课
古德	J.K.Gold	美国	美国威斯康星大学学士	体育	兼课

二、工文并重，中西并举

李颂韩
1908—1926年任国文科教授、科长

学校历来重视国文，各部"招考时先试中文、修身一科，不及格者不录"。1908年，学校设立国文科，为全校学生开设国文公共课，培养学生具有良好的国文基础，开创我国高等工科学校设立中文系的先例。

作为国学大师，唐文治校长身体力行，数十年风雨无阻在周日下午亲自为全校师生讲授国文课。陆定一非常喜欢聆听唐文治校长的国文课，称听唐校长讲国文课，"三月不知肉味，也不为过也"。此外，1908—1920年，学校每年举行一次全校学生参加的国文大会（即作文比赛），唐文治亲自命题、阅卷，对优秀者予以奖励，激励学生认真学习国文，注重道德品行修养，校内人文风气浓厚，学生国文根基深厚，比如爱好文学的邹韬奋在校读书7年（1912—1919），几乎每年因国文成绩优异被评为免费优等生。

从附属小学、中学到大学预科，国文和英语、数学被列为学校三大主科，授课时数逐渐增多。1910年，专门设立西文科，组织全校各级学生外语教学活动。和国文大会一样，学校每年组织全校性的英文大会、英文演讲和辩论赛，激励学生提高英语水平。到了大学阶段，专业课基本上采用全英文原版教材授课。凌鸿勋1910年入学时，因英文成绩稍差被先编入预科就读，在一位英国教师的影响下，英文突飞猛进，日后一口流利纯正的英语，乃由此打下良好的基础。

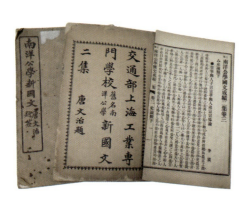

学校历年国文大会精华文章集结出版《南洋公学新国文》

1915年，李复几在《南洋》杂志上发表的英文论文《重建汉口商埠之计画》

三、勤勉办学，实育英才

行政系统

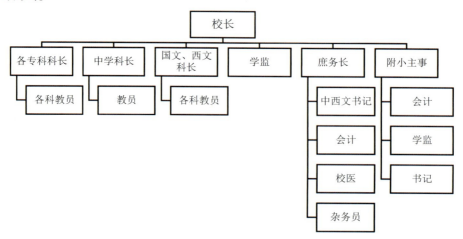

上海工业专门学校时期学校行政系统（1912—1921）

学校教务、斋务、庶务、附小负责人概况表（1905—1921）

教务长		斋务长		庶务长		附小负责人	
姓名	任期	姓名	任期	姓名	任期	姓名	任期
伍光建	1905年4月—1905年9月	唐浩镇	1905年4月—1905年9月	唐浩镇	1905年3月—1905年9月	林××	1905年—1911年
				夏日践	1905年9月—1906年3月		
冯琦	1905年9月—1908年2月	王植善	1905年9月—1906年2月	周诠	1906年3月—1908年1月	沈庆鸿	1912年—1921年
梁业	1908年2月—1909年7月	储丙鹑	1906年2月—1907年9月	陆起	1910年9月—1913年8月		
胡栋朝	1909年7月—1910年9月	梁业	1907年9月—1908年2月（兼）	王乃昌	1913年8月—1916年9月		
辜鸿铭	1910年11月—1911年11月	陆规亮	1908年2月—1911年11月	阮惟和	1916年9月—1921年		

注：辛亥革命后，教务长、斋务长废除，庶务长仍保留。

经费、图书与设施

学校办学经费主要来源于上级管辖部门的指拨常年款项、社会各界捐助和各省呈缴的官费生款项，以及学生缴纳的学杂费和固定资产利息租金等。政局动荡，学科专业多次被当局强令裁并，唐文治校长多方努力，保全学校。在经费支出方面，遵循教师为重、教务优先、厉行节约的原则。经费数度困难，唐文治校长带头减薪减膳，勉力维持，学校弦歌不辍，功课一日未停，教学设施、图书和实验设备有所扩充，学生数额逐年增加，各项事业持续进步。

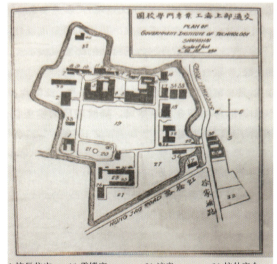

1920年校园全景

图书馆　　　　　　　　礼堂

金工厂　　　　　教员住宅　　　　　调养室

人才培养

学校因为功课质量高，学科面向工程实务，数理化以及实践教学扎实，学生就业出路良好。毕业生除大部分出国留学外，其余由主管部门安排在实业、政府机构等就业。在政局动荡冲击、经费短缺等重重困难下，唐文治校长以"求实学、务实业"的教育思想，强调道德品行教育，以培养第一等人才为己任，厚植基础，严谨治校，培养出了大批科技、人文社科、艺术等领域的优秀人才，如凌鸿勋、支秉渊、周琦、邹韬奋、杨锡治等。

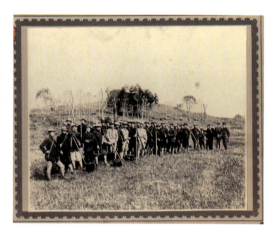

1914年土木科二、三年级学生赴杭州野外考察实习

学校历年学生人数一览表（1905—1920）

时间	专科部					专门预科	附属中学	附属小学	全校统计
	铁路/土木科	电机/电气机械科	航海科	铁路管理科	合计				
1905							约150	89	约239
1906	19				19		—	77	
1907	29				29		305	116	450
1908	19	33			52		318	137	507
1909	33	54	19		106		335	126	567
1910	59	47	13		119		506	125	750
1911	84	51	9		144		—	123	
1912	104	53			157	61	277	119	614
1913	78	36			114	54	222	129	519
1914	65	28			93	56	297	129	575
1915	64	27			91	55	307	129	582
1916	50	24			74	48	357	144	623
1917	96	71			167	55	368	148	738
1918	84	91		52	237		433	147	817
1919	89	107		70	266		423	142	831
1920	115	102		87	304		364	145	813

杰出校友

支秉渊
中国机械制造工程奠基人

邹韬奋
著名新闻记者、出版家

周琦
中国首台电机设计者

顾宜孙
桥梁专家

徐承燠
管理学家

杜定友
图书馆学家

杨锡冶
中国第一位动画师

选派出国留学

这一时期，学校延续了南洋公学时期的教育理念，择优选派毕业生出国留学深造。毕业生留学渠道主要是考取庚款公费（1909年开始）、学校公费和个人自费三种。主要学习专业为工程类和理化类。据不完全统计，1907—1920年各专科出国留学人数约占毕业生总数的71.9%。

1916年本校考取清华庚款留美学生合影

校园文化生活

社团活动是学生课外活动的主要内容，是丰富学生校园生活和展示师生精神风貌的重要舞台。学校成立各类学生社团近20个，创办各类杂志和学术期刊。学生体育活动精彩纷呈，在各类体育竞赛中取得优异成绩。该时段系学校社团发展的一个重要起步阶段。

唐文治（前排白衣站立者）与技击部健儿合影

1918年东方六大学（圣约翰大学、沪江大学、本校、东吴大学、金陵大学、之江大学）运动会本校夺标运动员合影

1915年学生学术委员会合影

1916年童子军虎队比赛得胜合影

1911年学生作品获意大利都灵国际博览会最优奖

1915年学生作品获巴拿马国际博览会第一大奖

四、爱国爱校，蔚然成风

学校素有爱国主义传统，学生们紧随时代潮流，高举爱国主义旗帜，救国拯民，利用自己所学新知，积极投身社会政治活动，服务人民大众。

白毓崑烈士

白毓崑，字雅余，师范院学生。1911年11月，为响应武昌起义，在京津一带组织发动武装起义，并担任北方革命军政府参谋长兼外交部长，后在滦州起义中不幸被捕，英勇就义，年仅44岁。国民政府追认白毓崑为陆军上将。

侯绍裘烈士

侯绍裘，上海松江人，1918年考入学校土木科，在校期间学习成绩优异，五四运动积极分子，组织创建南洋义务学校。1923年加入共产党。1925年领导上海学联投入"五卅"反帝运动。1927年在"四一二"政变中不幸被捕，壮烈牺牲，年仅31岁。

五四运动后，学生积极投身民主革命浪潮。1919年暑期学校创立南洋义务学校，由学生会负责教学及组织管理工作。其宗旨是：免费"训练无力求学及年长失学者，促使其粗通文字及备具国民常识"。教师全部为在校学生，学员是学校周边工人、店员、小手工业者及农民子弟。义务学校一方面宣传爱国思想，一方面传授知识，服务社会。义务学校一直持续到抗战前夕，张光斗等在义务学校带过课。

南洋义务学校师生合影

【校史故事】孙中山先生两次来校演讲

革命先行者孙中山先生曾指出"交通为实业之母,铁路为交通之母",此理念对交通大学的办学产生了重要影响。唐文治任交通大学校长期间,孙中山两次来学校演讲,师生有幸聆听他在学校讲坛上的教诲。第一次是在1912年12月,孙中山视察全国铁路返沪时来校在上院文治堂演说,受到学校师生的隆重欢迎。他首先讲了正在制定的交通建设规划,表示要在10年内为中国建设铁路20万里,把中国建成一个遍布全国、连通周边国家的现代化交通网络。在演讲中他还讲到纸币政策、国防建设等当时社会热点问题。最后他勉励学生们:今日在校要加倍努力,发奋学习,掌握科学技术,它日才能迎头赶上,使我国与欧美发达国家并驾齐驱。孙中山演说完毕,对唐文治说,各位师生对铁路建设有何意见和建议,可随时与他的随行马君武先生联系。演说持续两个小时至中午时分结束,唐文治以西餐款待孙中山一行。

孙中山为学校杂志《南洋》题字、题词

在1919年五四运动之后,孙中山再次应邀来校发表演说。他首先介绍了自己新近完成的《实业计划》一书,提出了铁路建设思想和规划全国铁路建设的庞大计划,向师生们描绘了一幅从交通建设方面实现中国现代化的宏伟蓝图。他还介绍了三峡水利发电、改善长江航运的设想。当时电机科三年级学生恽震在孙中山演说时专司记录,他深受触动,立志工程报国,后来成为著名电机工程专家。与恽震一样,凌鸿勋也深受孙中山先生影响,立志献身铁路交通事业,后成为我国土木工程专家。

第三章　交通大学卓立东方（1921—1937）

20世纪二三十年代，在新文化运动和西方教育思想的影响下，中国高等教育逐步走向现代化。1921年2月，时任北洋政府交通总长叶恭绰以"交通要政，急需专才"为由，提出将交通部下辖的四所专门学校——上海工业专门学校、唐山工业专门学校、北京铁路管理学校和北京邮电学校——"以南洋为中坚"合并为一所学校，定名为交通大学，此提议得到北洋政府批准和支持。1921年7月1日起，上海工业专门学校正式对外改称交通大学上海学校，英文名称为Chiao Tung University, Shanghai Branch。9月10日，改组后的交通大学正式开学，学校正式定为四年制本科，提升了办学层次，初步建立起了现代大学制度。1921—1927年，由于国内政局动荡，学校经费短缺、人事变动频繁，办学极其困难。在叶恭绰、凌鸿勋等人的努力推动下，学校迎难而上，奋勇向前。1928—1936年，政局相对稳定，学校资金相对增多，教师待遇提升，蔡元培、孙科、黎照寰等学校领导坚持"建教合作""部校合作"的办学思路，努力开拓，鼎故革新，使学校的院系规模、师资力量、教学水平、设备条件等方面达到了前所未有的高度。这一时期学校分为上海、唐山、北平三地，上海本部设有机械工程、电机工程、土木工程、管理、科学五个学院，其余两地分别设立工程学院、铁道管理学院，七大学院之下分别设立若干专业，是当时国内少数几所建制完善、规模宏大的大学之一。学校尤以工科办学水平为全国最高，被蔡元培先生誉为"全国造就建设人才最高学府"。

一、交通大学起航

1921—1937年交通大学历任校长

校长	任期
叶恭绰	1921年—1922年
张铸（沪校主任）	1921年5月—1922年4月
陆梦熊	1922年4月—1922年6月
关赓麟	1922年6月（未到任）
雷光宇	1922年7月（未到任）

续表

校长	任期
卢炳田	1922年8月—1923年04月
陈杜衡	1923年4月—1924年12月
凌鸿勋	1924年12月—1927年3月
李范一	1927年5月
吴健	1927年6月（未到任）
符鼎升（代理）	1927年6月—1928年2月
蔡元培	1928年2月—1928年6月
王伯群	1928年6月—1928年11月
孙科	1928年11月—1930年10月
黎照寰	1930年10月—1944年秋

叶恭绰（1881—1968）

叶恭绰：交通大学合组的发起人

叶恭绰是交通大学合组的发起人，也是交通大学更名后的首任校长。叶恭绰，字玉甫，又名誉虎，自号遐庵，广东番禺人，早年毕业于京师大学堂仕学馆。1920年8月被北洋政府任命为交通总长，着手组建交通大学并担任校长，1923年受孙中山之邀，任广州财政部部长、广东财政厅厅长等职；南京国民政府时期，曾任故宫博物院顾问、北京大学国学研究馆馆长、上海博物馆馆长等。抗战时期，叶恭绰始终保持一个爱国者应有的骨气，拒绝了日伪的多次邀请，以卖字画度日，令人钦佩。

叶恭绰交通救国的思想在他所著的《交通救国论》中有深刻阐述："国家实力之拓展，以交通之发达为始基，而一切事业之设施，尤以人才之适用为先着，是交通与教育二者，倚伏相同，关系至密。"在交通救国、实业救国思想的指引下，叶恭绰为我国早期的交通事业及交通教育发展作出了很大贡献。1920年时任交通总长叶恭绰深感国内专业技术人才匮乏，以"交通要政，急需专才"为由，向北洋政府国务会议提交《阁议创办交通大学提案》，第一次提出将交通部属的四所学校"以南洋为中坚"合并成一所学校，定名为交通大学。该提议得到了北洋政府的支持，董事会选举叶恭绰担任校长。叶恭绰在任期间，提倡人才培养与学术研究相结合，将学术研究、服务社会作为学校的重要任务之一。在叶恭绰的领导下，学校教研结合的办学思想初步确立，为学校以后的发展奠定了基础。1922年叶恭绰离任后仍关注学校的发展，多方给予学校力所能及的支持。1947年学校51周年校庆，校友出于对他的尊敬和思念，改工程馆为恭绰馆，在命名典礼大会上，著名科学家茅以升在致辞中称赞，"叶先生在教育、美术、文学、建筑各方面都有超人的造诣和独特的创造，同时，伟大的人格更感化了不少的青年"。

凌鸿勋：交通大学历史上最年轻的校长

凌鸿勋（1894—1981）

1922年7月，沪校重新独立，挂牌为"交通部南洋大学"。由于时局混乱，南洋大学时期共更换校长（负责人）七次，其中凌鸿勋为任职时间最长的校长。

凌鸿勋，字竹铭，广东番禺人，土木工程专家。1915年凌鸿勋以第一名的成绩毕业于上海工业专门学校土木科，1918年留美归国后任职交通部。由于凌鸿勋国文功底深厚，在校时唐文治校长就对其特别看重，1920年初唐文治遂将他从交通部借调到学校任教，同年10月唐文治校长辞职时，交通部任命凌鸿勋为代理校长。1921年交通大学改组后，凌鸿勋担任上海学校副主任。1924年12月，年仅30岁的凌鸿勋担任交通部南洋大学校长，成为交大历史上最年轻的校长。

凌鸿勋掌校时期，校务动荡，经费匮乏，学潮不断，他呕心沥血、攻艰克难维持校务不断发展。他继承叶恭绰教研结合的办学主张，在学校规章中明确提出"造就交通专门人才，力图高深学术之发展"的办学宗旨，主持举办工业展览会、修订规章制度、恢复每年一次的国文大会、创办国内最早的大学研究所——工业研究所、确定校徽、主持建成规模宏大的体育馆，对母校的建设作出了重要贡献。

蔡元培：交通大学数理化三系创始人

蔡元培（1868—1940）

1927年7月，南洋大学改组为第一交通大学。1928年2月，交通部部长王伯群提请国民政府任命大学院院长蔡元培兼任交通部直辖第一交通大学校长，这是继1902年蔡元培辞去南洋公学特班总教习之后再次到校任职，受到了全校师生的一致欢迎。蔡元培任职虽短短数月，但亦有不小建树，除减收学生学费、增加教师薪金以外，还推行了教授会议制度和改科设系。"教授治校"以实行民主管理校务，改科设系和科系并存使交通大学的教学体系更加规范化，促进了基础课水平的提高，使学业管理逐渐由班级制转向学分制。

孙科：交通大学开辟"部校合作"的体系

孙科（1891—1973）

孙科，字哲生，孙中山之子。作为铁道部首任部长，为广泛建设铁路，孙科极力倡导"交通行政与交通教育相辅相行"，并主张培养人才的大学"非自办不可"。孙科除了对学校的办学经费大幅提高以外，也与黎照寰商定提出了交通大学的十年建设计划，对学校的领导体制、培养目标、教学方针等方面都做了比较完善的规划，基本上将"部（铁道部）、路（铁路）、校（交通大学）"连成一贯，形成了"部校合作"体系。在此体系下，办学经费由铁道部拨发，校长由铁道部提请，学校的教学和科研活动围绕铁道交通机关的要求和特点展开，学生毕业后多分配到铁道交通系统。

黎照寰：奠基交通大学理工管结合的大学特色

黎照寰（1888—1968）

黎照寰，字曜生，广东南海人。少年时就读于广东私立新少年学堂，1907年赴美留学，先后获得纽约大学商科学士学位、哈佛大学理科学士学位、哥伦比亚大学经济学硕士学位、宾夕法尼亚大学政治学硕士学位。留学期间结识孙中山，并加入同盟会，1919年回国后，追随孙中山参加革命活动，担任孙中山的秘书。1929年6月黎照寰以铁道部次长身份兼任交通大学校长，与孙科合作推行"交通行政与交通教育相辅相行"政策，对交通大学的发展进行了全面规划，形成了"部校合作"体系。1930年10月被正式任命为交通大学校长后遂辞去铁道部职务，专心办学，主持学校14载，兢兢业业，为交通大学作出了重大贡献。黎照寰深受西方大学理念的影响，将"研究高深学术"作为交大的办学宗旨之一，主张学术自由，并倡导培养学生的独立人格，认为承担起实业救国的重任是大学服务于社会的最直接的责任；主持学校期间，采取了继续发展工科、加速建设理科、积极扩充管理科的方针，将交通大学建设成了理工管结合的著名大学，培养出了一大批优秀人才。

【校史故事】"东方 MIT"

在凌鸿勋、蔡元培、王伯群、孙科等掌校人的领导下，师生励精图治，20 世纪二三十年代学校已成为国内最为优秀的理工科大学，被誉为"东方 MIT"。

"东方 MIT"之称最早见于 1931 年黎照寰校长的就职仪式上。时任国民政府代表、上海市市长张群在致辞中说："交大的地位，在中国可谓首屈一指的，而且是唯一的工业教育学府。外人看来，仿佛交大是英国的剑桥、美国的麻省理工学院。" 1934 年，著名教育家、上海沪江大学校长刘湛恩赴欧美各国考察教育，一些关心中国高等教育的美国人士问他："中国的工业大学以哪所最好？主持这所大学的人是抱着一种什么决心？"刘湛恩不假思索地回答道："你们美国有 MIT，我们有交通大学。你们办教育的人，是希望以后能够转入政界；我们这位交通大学的校长是有官不做，辞去了铁道部次长，而来专心办学，希望他的学生能做中国的实业教育家。"美国人听后连连称赞，急切探听这位舍弃仕途、专心办学的大学校长是谁，刘湛恩告诉他们，这位校长便是黎照寰。

"东方 MIT"之谓，还源于交大工程教育的办学理念、模式等参照 MIT。1989 年，钱学森给 1934 级（实为届）通讯特刊撰文《回顾和展望》指出，"1935 年秋（我）就到美国麻省理工学院（MIT）航空工程系学习。这才发现，原来不知，交大的课程安排全部是抄 MIT 的，连实验课的实验内容都是一样的。交大是把 MIT 搬到中国来了！因此也可以说交大在当时的大学本科教学已是世界先进水平的。"钱学森同届毕业学友、我国著名通信科学家张煦院士，1937 年在麻省学习深造同样发现，"交大的教学、设施以及各年级所用的教材，都与 MIT 极为相似"。而且，该时期交大培养的人才亦属国际高水平，如钱学森、张煦、张光斗等。

二、"理工管"结合的格局

1921 年交通大学合组定名，历任校长坚持教研结合的办学思想，对学科和课程设置进行了调整和充实，至 1927 年，学校设有电机工程科（电信工程门、电力工程门）、机械工程科（铁路机械门、工业机械门）、交通管理科（车务管理门、财务管理门）三科六门。在孙科和黎照寰任校长期间，学校继续发展工科、加速建设理科、积极扩充管理科，1928 年后将原有的土木科、机械科、电机科分别扩充为土木工程学院、机械工程学院、电机工程学院，1930 年成立科学学院，1931 年成立管理学院。1928 年学校增设中国文学系和外国文学系。在 20 世纪 30 年代初期，学校确立了"五院二系"的学科格局，形成了工为重点、理为基础、兼重管理的育人体系。

科学学院

科学学院成立于1930年，院长裘维裕。科学学院下设数学系、物理系和化学系，旨在推动"应用科学与理论科学互相提携"，理科与工科"通力合作，而不是单纯为了搞理论研究"。科学学院的教育宗旨是"造就各项基本科学专门人才"，在教学上，科学学院重视训练学生的科学思维，培养学生独立思考和探索科学的精神，同时强调科学的应用性，要求学生们做大量的实验和习题。

科学学院化学系普通化学实验室

管理学院

1929年管理学院统计实验室

理工大学设立管理学科，交通大学是国内首创。交通大学的管理学科最早设立于1918年，时称铁路管理科，1927年改为交通管理科，分设路政、电政、邮政、航政四门。1928年秋，扩建改称交通管理学院，后改名铁道管理学院。1931年正式定名管理学院，除原有铁道管理科外，增设实业管理、财务管理及公务管理三科，管理学院的规模基本定型。管理学院的宗旨是"养成各项科学管理专门人才，以应政府及社会各界建设之需要"。经过几年的探索与发展，1936年管理学院形成了较为完善的学科体系。

电机工程学院

电机专业在全国设立最早，始于1908年，时称电机科。1921年组成电机工程科，1928年秋扩充为电机工程学院，设电力、电信两门，院宗旨为"养成各项电机工程建设人才"。电机工程专业属新兴专业，人才很缺乏，因交通大学电机专业创业较早，教学质量全国领先，学生的毕业就业前景优于其他专业，因此报考电机工程学院者甚多，投考者往往

1930年电机学院四年级学生自动电话实习

数倍甚至十倍于录取人数，是学校录取分数最高的学院。

土木工程学院

土木专业是学校最早建立的工程专业，始设于 1906 年，时称铁路工程班，1913 年正式改称土木科。1921 年交通大学合组时，土木科移并唐山学校。之后学校一直努力恢复土木科，1928 年学校再次改组，经呈请交通部，复设土木科。学校改隶铁道部后，铁道部部长兼校长孙科深感国内土木工程人才缺乏，遂扩充土木工程科为土木工程学院，并明确"本院教授宗旨，在培植各项土木工程建设人才"。

1930 年土木工程学院四年级学生电机实习

1930 年秋土木工程学院分为铁道工程、构造工程、市政工程三门，1933 年秋增设道路工程门，是 20 世纪 30 年代学校发展最快的学院。

机械工程学院

机械工程教育源于 1913 年的电气机械科，1921 年交通大学改组时，设立机械科，1928 年秋改称机械工程学院；1934 年添设汽车工程门，1935 年秋设立航空组，汽车工程门与航空组合称自动工程门。1937 年学院设工业机械、铁道机械、自动工程三门。学院宗旨为"养成各项机械工程建设人才"，主要为交通及实业建设培养专门人才，在教学上强调"学理和手艺并进"，实验设备丰富，强化学生实习，受此影响，优秀人才大量涌现，如人民科学家钱学森等。

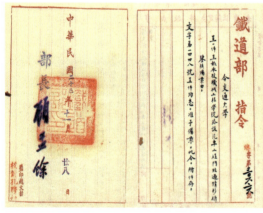

1934 年 12 月铁道部回复交通大学呈文，准予添设汽车工程门，这是我国最早的汽车工程专业

中国文学系和外国文学系

中国文学系初称国文科，为全校开设基础课，1928年扩充为中国文学系。中文系不招收本科生，主要为其他各学院学生讲授中国文学和公文程式两门课程，在教学中注重道德思想修养和实用技能的培训。

南洋公学创立之初即设有英文科，后又增加法文、德文、日文等。1928年夏学校成立外国文学系。同中文系一样，外国文学系不招收本科生，主要为各学院开设外语课程，包括英语演说学、公事英文和第二外国语等。

1936年获华东各大学英语辩论赛锦标

三、造就建设人才最高学府

从20世纪20年代起，学校逐步开辟了人才培养与学术研究并重的办学道路，即既要为交通事业培养专门的交通技术人才，又要注意研究高深学术。学校改组南洋大学后，教研结合的办学理念被正式列入学校章程，1922年7月交通部颁定《交通部直辖大学通则》，在第一章"宗旨"条目即明确指出："交通部为造就交通专门人才，扶助高深学术之发展，特设大学。"这一理念在后续的办学规则、规章中得到延续。如1925年《南洋大学通则》第一章"宗旨"中明确规定："本大学隶属于交通部，为国立大学，以造就交通专门人才、力图高深学术之发展为宗旨。"为落实此宗旨，学校重视本科生的培养，多方筹集资金，建立各类实验室，成立各种科技社团，为师生从事学术研究创造条件。校园内的学术氛围日渐浓厚，师生的科学研究活动如火如荼地开展，1926年学校成立了国内第一个大学研究机构 ——工业研究所。为加强与社会的联系，用学术研究服务社会，学校举办了两次工业展览会。

独具一格的办学特色

交通大学"起点高、基础厚、要求严、重实践"的办学特色在这一时期就有鲜明的体现。

"起点高"表现在报考交通大学者人数众多，但学校要求一向非常严格，录取率非常低。1924年《申报》报道南洋大学招生情况："此次报名者有一千二百人之多，而录取额数则甚少，平均须每二十人中始获考取一人。"1925年7月大学部招考新生，报名投考者计300人，

1924年8月《申报》报道南洋大学招生情况

经考试后录取工程科45人、铁路管理科9人，合计54人，仅占投考人数的18%。

"基础厚"表现在教学中注重基础课程教学，基础课程设置的比重大，强调基本知识与基本理论的学习和训练。

"要求严"表现在经历了严格入学考试的学生，仍然需要面对严格的学业要求。学校对学生的考核十分严格，教师批阅学生试卷时，即使学生答案正确，步骤有误也要扣分。学生尽管是经过严格筛选的优秀人才，但学期平均成绩能达到80分以上的也是少数，90分以上的更是凤毛麟角。

20世纪30年代校外测量实习

"重实践"表现在当时的教学环节一般为：上午理论讲授，下午实验、制图及实习，间有个别次要课程，晚上自修、作业。另外校外实习与参观也是教学的重要环节。

1925年上半年南洋大学学生成绩统计分析

分数段	年级									
	二年级		三年级				四年级			
	工程科		电机科		机械科		电机科		机械科	
	人数	比例/%	人数	比例/%	人数	比例/%	人数	比例/%	人数	比例/%
91.04～93.16	1	1.2	2	5.0	0	0	1	2.9	0	0
80.00～89.78	15	17.4	8	20.0	4	12.9	10	29.4	5	19.2
70.10～79.96	39	45.3	12	30.0	14	45.2	15	44.1	12	46.2
61.82～69.98	26	30.2	6	15.0	5	16.1	6	17.6	6	23.1
58.6～60	1	1.2	0	0	0	0	0	0	0	0
无成绩者	4	4.7	12	30.0	8	25.8	2	5.9	3	11.5

注：无成绩者，包括留级生、转学插班生及上学期请假未参加期末大考者（该表根据1925年10月《交通部南洋大学学生学籍表》编制）。

【校史故事】就读交通大学时的钱学森

钱学森

钱学森是西安交大最受崇敬的杰出校友，他于1929年考入交大机械工程学院，1934年毕业。1929年，深受孙中山先生"铁路救国论"影响，钱学森报考交通大学。国文是交大入学考试第一门，以示对中华文化之重视，其为交大育人的重要传统。当年国文作文题目有二：一是试各述立身之大本及为学之方针；二是交通事业与国家之关系。学校"崇德尚实"之办学精神跃然纸上。钱学森以第三名成绩考入交通大学。

入学之后，钱学森除正常上课外，每天必到之地就是图书馆。交大图书馆建成于1919年，占地面积2687平方米，楼高三层，是国内最早的大学图书馆。20世纪30年代初，图书馆藏中西文图书7.5万册，期刊近千种，这为钱学森后来由铁路改学航空提供了条件。钱学森回忆道："我是学机械工程的，常去找有关内燃机的书……但我到图书馆借的书决不限于此，讲飞艇、飞机和航空理论的书都读。讲美国火箭创始人戈达德（R. Goddard）的书也借来看。我记得还借过一本英国格洛尔（H. Glauert）写的专讲飞机机翼气动力学理论的书来读；当时虽没完全读懂，但总算入了气动力理论的门，这是我后来从事的一个主要专业。"

交通大学素以"要求严"著称，突出表现是考试多，成绩要取小数点后两位。1933年在机械工程学院水力学考试中，钱学森的考卷书写工整，整洁漂亮，文字秀丽端庄，连等号（"＝"）都像用直尺量的一样。钱学森全部答题正确，只是最后一题公式推导中"Ns"漏写一个"s"，被金悫老师扣去了4分，得了96分。1934年7月，钱学森以各学年总平均成绩89.10高分毕业，名列机械工程学院第一名。黎照寰校长发给他奖状，表彰他"潜心研攻，学有专长"。

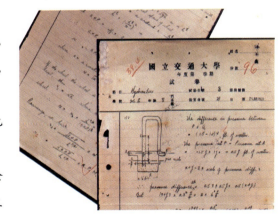

1933年钱学森的水力学试卷

在交大求学期间，钱学森兴趣广泛，除了参加学校文艺活动外，还参与抗日救亡工作，接触到中共外围组织——社会科学研究会，参加了多次读书讨论会，了解到红军和苏区的存在。

留学

学校选派学生留洋从南洋公学时期已经开始。1920—1925 年,全国考取清华留美公费生共计 20 名,其中交大学生考取者 7 名。从 1933 年恢复招考至 1936 年留美公费考试共举行四届,交大考取了 18 人,约占该时期考取总人数的 20%。1934 年,教育部招考留欧官费生赴意大利学习航空工程,录取 25 人中交大学生占了 13 人。

1916—1925 年本科毕业生考取清华官费留美学生人数统计

年份	1916	1917	1918	1919	1920	1921	1922	1923	1924	1925
清华招收人数	10	7	7	8	停派	10	停派	5	停派	5
本校考取人数	5	3	2	3		4		2		1

首次招收女生

1927 年 9 月 10 日,交通大学首次招收的 8 名女生入学,这是学校历史上招收的第一届女生,到 1931 年在校女学生共有 18 位。当时女生尽管人数少,但都相当优秀,尤以英语演说和辩论人才辈出,在 1929、1930 年的全校英语辩论赛中女生均居前列。学校女生在体育方面也是展露锋芒,技击部中女生也很活跃,女子排球队更是蜚声上海,有多人出席全国运动会和远东运动会。

1931 年 18 位女生合影

学术研究

这一时期新建实验室30多个，各类社团、学术期刊层出不穷，学术研究活动开始服务社会。为了增进学术研究气氛，学校还邀请校外著名专家来校演讲，如马可尼、玻尔、孟禄、杜威、胡适、黄炎培等都曾来校为师生做过演讲。

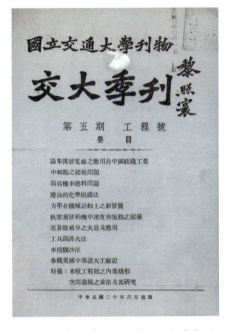

1931年黎照寰题写封面的《交大季刊·工程号》

1933年意大利无线电发明家伽利尔摩·马可尼在学校竖立马可尼纪念柱

举办工业展览会

为了使社会各界人士了解交通大学的办学宗旨和育才情况，激发国人对于工程及铁道事业之兴趣，鼓励本校师生的创新精神，学校分别于1926年和1933年校庆期间举办工业展览会，向校内外人士展示国内外先进的工业产品。

1926年工业展览会期间，凌鸿勋校长陪同嘉宾乘坐师生自行设计的小火车绕行校园

在 1926 年的工业展览会上，最受参观者欢迎的项目是"南洋铁路"轻便小火车。"南洋铁路"的轨道由学校向沪宁铁路局借来的材料铺设而成，上面运行的是由一辆小型机车和三节客车车厢组成的小火车。小火车配有司机一人，旗手一人，一次可载客 15 人，坐车者需购票，每票一角钱，每次绕行校园两圈。1933 年的工业展览会保留了这一展览项目，由本校土木工程学院的师生共同设计完成了小火

1933 年工业展览会黎照寰（前排左 4）与来宾合影

车的铺设工程，并将参观路线延长一倍。轻便小火车不仅是展览会展品，也是学生实习的成果，为社会各界更深入地了解学校培养交通工业人才的教育宗旨提供了很好的平台。

创办工业研究所

在交通大学重组时，叶恭绰就提出在大学建立研究所的设想，但因各种原因未能实现。1926 年 7 月，在凌鸿勋校长的筹划下，由中华教育基金会经费支持，学校成立了工业研究所，所长由凌鸿勋兼任。1926 年 7 月 4 日，《申报》刊载《南洋大学将创办工业研究所》消息。由于时局动荡，研究所前期发展滞缓。学校隶属铁道部后，1930 年春工业研究所扩充并定名为交通大学研究所。研究所承接社会实验项目，培养研究生，并发表了大量学术论文，得到了社会各界的好评。1936 年 12 月黎照寰校长（兼所长）题写了"交通大学研究所成立十周年纪念词"，总结了 10 年来研究所的 57 项研究成果以及对中国工业发展、经济建设、教育学术等方面的重要贡献。

1931 年 6 月《国立交通大学研究所一览》封面及研究生名单

学生生活

学校一直重视学生的全面发展，注重校内普及体育活动，要求学生"体育健全为合格"。体操、游泳、技击、足球、田径都是学校的传统项目，在国内外的比赛中都曾取得优异成绩。此外，学生课外活动也十分丰富，国文比赛、英文演讲竞赛、参观工厂等活动，使学生在繁重的课业以外得到全面提高。

足球队

棒球队

京剧社

技击部

网球队

铜管乐队（前排左1钱学森）

校舍建筑

20世纪二三十年代是学校校园建设的快速发展时期。1926年建校30周年之际，校园面积已经发展到233.324亩。学校校舍总计约30幢，主要建筑有上院、中院、南院3幢，有图书馆、体育馆（附游泳池）、风雨操场、调养室4幢，有实验室和工厂9处，学生宿舍有西宿舍、新中院、校外宿舍3幢，教职员宿舍7幢。1928年后，国内政治局势比较稳定，政

1935年学校全景

府对学校经费投入有保障，校园建设进入了快速发展时期，从教学楼到实验室，从办公楼到学生宿舍，都有较大规模的发展，执信西斋、工程馆、总办公厅、饮水思源喷水池等，都是这一时期完成的建筑。

【校史故事】执信西斋和饮水思源喷水池

1930年1月执信西斋建成，面积4362平方米，共152间寝室，是当时沪上条件最好的学生宿舍。"执信西斋"的命名，是为了纪念孙中山先生的忠实追随者、早期资产阶级民主革命战士朱执信。执信西斋竣工后，民19级学生首批入住执信西斋。毕业时，该届116名学生为感激母校的培育之恩，决定捐款在执信西斋中央建造一座以校徽为中心的喷水池，以表饮水思源之意，王宗阳、孙家谦受本届同学推举负责此事。经过多方考虑，二位同学决定采用校徽的图案，由孙家谦绘制草图，得到了学校许可。1933年春，饮水思源纪念碑

1930年落成的执信西斋

完工，纪念碑正面刻有"饮水思源"四字，为该届同学陈汝善之父所题，纪念碑下刻有"民十九级建赠"字样，背后刻有该级全体同学的姓名，铁铸的立体校徽图案竖立于纪念碑之上。经过时间的沉淀，"饮水思源"已成为交通大学独特的文化标识。

在20世纪30年代，执信西斋一度成为宋庆龄等主持的伤兵医院。1932年1月，为了救治淞沪抗战中的伤员，宋庆龄、何香凝为筹建伤兵医院积极奔走。2月底，上海红十字会致函交大，请予酌拨校舍为伤兵医院。宋庆龄也亲自来校视察，提出将条件最好的执信西斋开办伤兵医院。黎照寰当即答应，学生也深明大义，立即全部腾出。在执信西斋内建成的伤兵医院，床位达300张，超过当时仁济医院和同济医院的床位规模。良好的设施和精心的照料，使伤员们得到很好的治疗和护理，期间宋庆龄本人也来到交大执信西斋，外穿白色护士服，亲自为伤员服务。1932年4月中旬，伤兵医院完成使命，经过一番整修，执信西斋又成为学生们心仪的宿舍。

文化标识

校：精勤求学 敦笃励志 果毅力行 忠恕任事

训

1937年颁行的校训（2005年重新启用）

1933年萧友梅制曲的校歌（2005年重新启用）

  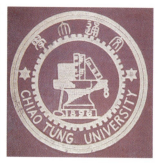

20 世纪 20 年代校徽　　20 世纪 30 年代校徽　　20 世纪 40 年代校徽

四、中共交通大学党团支部成立

1925 年冬，中国共产党和共产主义青年团南洋大学第一届支部成立。第一任党支部书记是张永和，成员约为 8 人，分别是张永和、陆定一、周赞明、费振东、竺延璋（祝百英）、陈育生、夏清琪（夏采曦）、周志初。中共交大党团支部是中国高校中最早建立的共产党、共青团基层组织之一。

张永和

交通部南洋大学 1926 年电机工程科第十六届毕业生名单

张永和，首任党支部书记。1923 年至 1926 年在学校电机科读书，1925 年加入中国共产党，并介绍陆定一等同志入党，是交大最早的中共党员。

陆定一，首任团支部书记，1926 年毕业于学校电机科，伟大的共产主义战士，杰出的无产阶级革命家，中国共产党宣传思想阵线杰出的领导人。在晚年回忆中，他曾写道："我曾在交大读书八年，我的共产主义世界观是在那里形成的。"

五卅纪念柱

陈虞钦　　　吴恒慈

1925年5月30日，震惊中外的"五卅"惨案发生，本校附中学生陈虞钦在惨案中受重伤入仁济医院急救，于次日不治身亡。附中学生吴恒慈也为五卅惨案激愤而死。11月21日，学校召开陈虞钦、吴恒慈追悼会，并在交通大学校园里为两位烈士建立了一座永久性的"五卅纪念柱"。

"九一八"事变后，国民党政府对日本侵略的不抵抗态度燃起了交大学子的怒火，学生们成立交通大学抗日特种委员会，并分别于9月23日、9月29日和12月14日赴南京请愿，要求抗日。爱国学生们也积极参加"一·二八"抗战和"一二·九"运动，在国难关头与社会各界爱国人士共同发出了"停止内战，一致对外"的呐喊。

1931年"九一八"事变后学生抗日会散发的传单、宣传材料

1935年交大武卫会组织的读书会在上海郊外举行活动（在全国抗日救亡大潮中，武卫会联络进步学生，团结爱国分子，积极投身抗日救亡运动）

1936年1月交大等校学生在南翔成立上海市各大中学学生救国宣传团，深入沪宁线宣传抗日（"一二·九"运动爆发，交大学生救国会成立，董寅初等当选委员，组织向上海市政府请愿，声援华北抗日等运动）

五、名师荟萃育英才

张廷金
电机工程学院院长

胡端行
机械工程学院院长

钟伟成
管理学院院长

李谦若
土木工程学院院长

裘维裕
科学学院院长

胡敦复
数学系主任

徐名材
化学系主任

申国权
体育馆主任

陈柱
中文系主任

唐庆诒
外文系主任

钟兆琳
电机工程学院教授

胡明复
数学系教授

胡仁源
机械工程学院教授

鲍国宝
电机工程学院教授

周仁
物理系教授

杜光祖
机械工程学院教授

黄叔培
机械工程学院教授

陈石英
机械工程学院教授

金愨
土木工程学院教授

王绳善
机械工程学院教授

马寅初
管理学院教授

周铭
物理系教授

马就云
电机工程学院教授

1921—1937 年培养的杰出人才（院士）

序号	姓名	系别	毕业时间	院士类别（入选时间）
1	朱物华	电机系	1923	中国科学院院士（1955）
2	张德庆	机械系	1923	中国科学院院士（1955）
3	汪菊潜	土木工程系（唐院）	1926	中国科学院院士（1955）
4	方俊	土木工程系（唐院）	1926	中国科学院院士（1980）
5	蔡金涛	电机工程学院	1930	中国科学院院士（1980）
6	李文采	电机工程学院	1931	中国科学院院士（1955）
7	褚应璜	电机工程学院	1931	中国科学院院士（1955）

续表

序号	姓名	系别	毕业时间	院士类别（入选时间）
8	周惠久	土木工程系（唐院）	1931	中国科学院院士（1980）
9	林同炎	土木工程系（唐院）	1931	中国科学院外籍院士（1996）
10	林同骅	土木工程系（唐院）	1932	美国国家工程院院士（1990）
11	王之卓	土木工程学院	1932	中国科学院院士（1980）
12	丁舜年	电机工程学院	1932	中国科学院院士（1980）
13	陈永龄	土木工程学院	1931	中国科学院院士（1980）
14	钱钟韩	电机工程学院	1933	中国科学院院士（1980）
15	严恺	土木工程系（唐院）	1933	中国科学院院士（1955） 中国工程院院士（1995）
16	张维	土木工程系（唐院）	1933	中国科学院院士（1955） 中国工程院院士（1994）
17	刘恢先	土木工程系（唐院）	1933	中国科学院院士（1980）
18	张光斗	土木工程学院	1934	中国科学院院士（1955） 中国工程院院士（1994）
19	张煦	电机工程学院	1934	中国科学院院士（1980）
20	钱学森	机械工程学院	1934	中国科学院院士（1957） 中国工程院院士（1994）
21	张钟俊	电机工程学院	1934	中国科学院院士（1980）
22	潘文渊	电机工程学院	1935	美国国家科学院院士
23	侯德原	电机工程学院	1935	中国工程院院士（1995）
24	罗沛霖	电机工程学院	1935	中国科学院院士（1980） 中国工程院院士（1994）
25	吴祖垲	电机工程学院	1937	中国工程院院士（1995）

第四章　烽火岁月砥砺奋斗（1937—1949）

"七七"事变后，交大师生颠沛流离，被迫迁校上海法租界和重庆办学。重庆本部应抗战之需得到快速发展，形成"海陆空"皆备、兼具管理的学科体系，涵括本科、专修科和研究生教育。抗战胜利后，沪渝两地师生复员徐家汇校园，学校规模空前，工程学科日益完善，人才辈出。在中共交大地下党组织的领导下，师生积极投身反帝、反独裁的斗争，迎来中华人民共和国诞生和交通大学新生。

一、上海法租界时的交通大学（1937—1945）

抗战时期，由于国民政府拒绝交大内迁，学校被迫迁至法租界内租屋上课。为保全学校力量，1941年9月对外改称私立南洋大学，其后不幸被汪伪政府接管。艰难环境中，师生忍辱负重，基本延续了之前初具规模的理、工、管三院制和老交大的育人传统。

内迁受阻，学校迁校法租界

1937年8月，"八一三"事变爆发，日军占领上海，校方多次要求内迁避祸，皆被国民政府拒绝。1937年11月，日本宪兵队侵占徐家汇校园，学校被迫迁入法租界，主要以震旦大学、中华学艺社等作为教学场所。1941年12月太平洋战争爆发，学校在租界办学举步为艰，为保存命脉，与敌伪周旋，董事会一致同意请张廷金代行校长一职。

张廷金
（1886—1959）

张廷金，江苏无锡人，1942年7月至1945年8月任沪校校长。张廷金1909年毕业于南洋公学中院，后赴美国留学，获哈佛大学硕士学位，1915年回国任交大电机科教授，在国内首开无线电课程，建成第一个无线电实验室，第一个无线电台，被誉为"中国无线电元老"。

人才培养

学校办学环境恶劣、经费短绌、设备极其简陋,但培养目标和教育方针未变,努力发挥理工管相结合的长处,培养交通工程技术和管理人才。虽身陷危难,仍重视实验与实习。学校规定,各院系必须补足因战争影响落下的课程和实验,借地方恢复实验室或借别的学校开出实验,逐步恢复了实验课。

师生概况

学校教师规模基本在109～145人之间浮动,国难之时,教师薪金一度只发五成。受战事影响,在校学生规模大幅减少。

1938—1941年本校录取情况

时间	报名人数	录取人数	录取比例
1938	684	120	5.7∶1
1939	1180	228	5.2∶1
1940	976	261	3.74∶1
1941	1556	213	7.3∶1

1944年学校拟聘各院院长及系主任名单

英才辈出

抗战期间,学校虽然频临战火,但人才培养成果丰硕,沪校毕业生1000多名,其中大批成为日后新中国工业建设行业领导者、管理者和党政干部,如汪道涵、董寅初等,在科技界作出重要贡献的吴文俊、杨嘉墀、徐光宪、高小霞等8位院士以及胡声求、田炳耕、王安等著名科学家。

王安
科学家
计算机工业先驱

杨嘉墀
中科院院士
"两弹一星"元勋

高小霞
化学家
中科院院士

徐光宪
化学家
中科院院士

1944届化学系同学合影（前排右2徐光宪）　　1941年电机系毕业照（后排左3杨嘉墀）

战时校务管理

奔赴内地参加建设，是当时租界毕业生的首选。他们怀着共赴国难、工业救国的理想，克服各种困难，纷纷赴大后方工作，为抗日战争和内陆建设作出了贡献。1941年土木系近半毕业生因抗战需要提前毕业，赴大后方服务。部分毕业生直接奔赴抗日前线，部分去延安，也有部分参加

1938届校友徐昌裕在延安（前排左2）

新四军。如1938届电机系毕业生周建南、孙俊人、徐昌裕等3人，化装越过日军封锁线，通过汉口八路军办事处奔赴延安，参加革命。

二、在重庆的交通大学（1940—1945）

1938年，国民政府内迁重庆。抗战时大后方急需大量工程技术和管理人才，1940年9月，在四川校友的热心奔走推动下，交通大学分校在重庆小龙坎成立。1942年10月，在吴保丰校长、校友以及交通部门的支持和努力下，重庆分校由小龙坎迁入九龙坡，并改名为交通大学本部，上海部分改为分校。重庆时期，应战时需要，学校学科得到大发展。

校长

徐名材（1889—1951）

徐名材，字伯隽，浙江鄞县人，化工专家，1940年8月至1941年7月任交通大学重庆分校主任。他受命于危难之际，在分校创建初期，为筹划校舍、增加设施、完善制度、延揽师资等呕心沥血、历尽艰辛，为分校建设作出了开创性的贡献。

吴保丰（1899—1963）

吴保丰，字嘉谷，江苏昆山人。1941年7月至1947年9月任重庆分校主任、交通大学校长。在任期间，他奉行工程与管理并重、工管结合的教育思想，努力发展学科，使交大的优良传统在极其艰苦的环境下得以传承发扬光大。

行政机构与专业系所设置

重庆时期,学校发展迅速,1945年抗战胜利前夕,在校生达1500多人,教职员280余人,超过了上海部分。

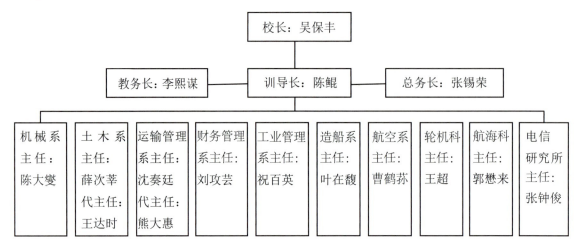

学校人事组织、行政组织

重庆时期,学校专业始终处于动态变化,随时局及后方需要而调整。至抗战胜利前夕,学科得到了发展,从最初的电机、机械两个系扩展为土木、机械、电机、航空、造船、运输管理、财务管理、工业管理、电信管理兼备的"大交通"学科体系。

重庆时期本校系所结构(至1945年)

办学层次	系所设置	专业	创办/开设时间
本科	电机工程系	电力门、电讯门	1940年开设
	机械工程系		1940年开设
	土木工程系	结构门、路工门、水利门	1942年8月开设土木系,1943增设水利门
	航空工程系	空气动力门、飞机结构门、发动机门	1942年8月创办,是中国最早的航空工程专业
	造船工程系		1943年6月,从重庆商船专科学校并入,是我国创办的第一个造船工程系
	运输管理系		原铁道管理系,1942年恢复,班里女生最多(全校13名,其中运输管理8名)
	财务管理系		1942年恢复
	工业管理系		1943年创办的新专业
	电信管理系		1945年增设
专科	轮机专修科		
	航海专修科		
研究生	电信研究所		1943年7月创办,是国民政府时期培养工业硕士最多的机构

校友支持迁渝与校园建设

重庆分校建立之初，校舍是租借重庆小龙坎交通部中央无线电器材厂空闲的工人宿舍（厂长为校友王端骧，后为交大教授），实验室、运动场所、实习基地等亦为向近邻中央大学、重庆大学、交通部汽车配件厂借用。后来吴保丰主任借交通部技术人员训练所在九龙坡建新舍之机，提请交通部扩大建筑面积，部分为交大分校所用，得到批准。1942年10月，交大分校迁入九龙坡新舍。

1943年重庆九龙坡校园平面图

重庆九龙坡校舍

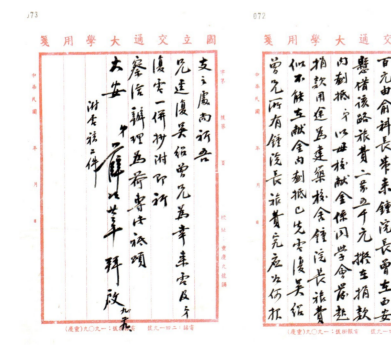

1943年有关校友献金专款专用的函

交通大学在重庆时期的建校和发展，校友力量功不可没，不论重庆分校的创立、小龙坎校舍的租用、九龙坡校舍的建设、师资的建设，还是帮助上海学生迁渝、发动捐赠资助学校物资等，校友们都热忱相助、慷慨解囊。

培养战时急需人才

重庆时期，学校师资出现了新特点，正副教授多是从欧美留学归来的爱国知识分子。他们年纪轻，平均年龄37.66岁，如航空系主任曹鹤荪，时年仅30岁，是交大历史上最年轻的系主任；他们学历高，多是海外归来的博士和硕士。这些年轻学者具有浓厚的家国情怀，放弃国外优厚的条件，怀着为国育才、科学救国的理想，回到灾难深重的祖国，给交通大学的发展、繁荣带来了勃勃生机。

行走在九龙坡校园的交大学子们

1943年在重庆的交通大学第一批毕业生合影（前排左5吴保丰校长）

航空系毕业生合影

航空系教师合影（前排左2曹鹤荪，右1季文美，右2杨彭基，右3姜长英，右4王宏基，后排右2陈士橹）

因战时需要大量航空技术人才，1942年8月，在航空委员会的资助下航空工程系在重庆成立，其为中国最早培养航空工程专业人才的摇篮之一。1945年迁回上海，航空工程系划归工学院。

从1940年8月至1945年12月，在重庆办学的五年时间里，交通大学高速发展，形成了"海陆空"皆备、兼具管理的学科体系。在校学生人数持续增长，毕业生质量丝毫不打折，后来成为院士的有30余人。

1938—1949年培养的杰出人才（院士）

序号	姓名	系别	毕业时间	院士类别（入选时间）
1	孙俊人	电机工程系	1938	中国工程院院士（1995）
2	谈镐生	机械工程系	1939	中国科学院院士（1980）
3	赵佩之	机械工程系	1939	美国工程院院士（1981）
4	曹建猷	电机工程系	1940	中国科学院院士（1980）
5	吴文俊	数学系	1940	中国科学院院士（1957）
6	杜庆华	机械工程系	1940	中国工程院院士（1997）
7	杨嘉墀	电机工程系	1941	中国科学院院士（1980）
8	顾夏声	土木工程系	1941	中国工程院院士（1995）
9	林秉南	土木工程系（唐院）	1942	中国科学院院士（1991）
10	屠善澄	电机工程系	1941—1942就读	中国工程院院士（1994）
11	徐采栋	矿冶系（唐院）	1943	中国科学院院士（1980）
12	肖纪美	矿冶系（唐院）	1943	中国科学院院士（1980）
13	周炯槃	电机工程系	1943	中国工程院院士（1995）
14	邱竹贤	矿冶系（唐院）	1943	中国工程院院士（1995）
15	许国志	机械工程系	1943	中国工程院院士（1995）
16	徐光宪	化学系	1944	中国科学院院士（1980）
17	高小霞	化学系	1944	中国科学院院士（1980）
18	龙驭球	土木工程系（唐院）	1944—1945就读	中国工程院院士（1995）
19	陈德仁	电机工程系	1945	中国工程院院士（1995）
20	谭靖夷	土木工程系（唐院）	1945	中国工程院院士（1997）
21	李天和	机械工程系	1946	美国国家工程院院士（1975） 中国工程院外籍院士（2000）
22	庄育智	矿冶系（唐院）	1946	中国科学院院士（1980）
23	陈能宽	矿冶系（唐院）	1946	中国科学院院士（1980）
24	庄逢甘	航空工程系	1946	中国科学院院士（1980）
25	胡聿贤	土木工程系	1946	中国科学院院士（1991）
26	童志鹏	电机工程系	1946	中国工程院院士（1997）
27	吴耀祖	航空系	1946	中国科学院外籍院士（2002）
28	何祚庥	物理系	1945—1947就读	中国科学院院士（1980）
29	夏培肃	电信研究所	1947	中国科学院院士（1991）
30	周镜	土木工程系	1947	中国工程院院士（1994）
31	陈太一	电信研究所	1947	中国工程院院士（1997）
32	胡和生	数学系	1945—1948就读	中国工程院院士（1991） 第三世界科学院院士（2000）

续表

序号	姓名	系别	毕业时间	院士类别（入选时间）
33	许学彦	造船工程系	1948	中国工程院院士（1955）
34	冯叔瑜	土木工程系	1948	中国工程院院士（1995）
35	胡光镇	电机工程系	1948	中国工程院院士（1997）
36	赵国藩	土木工程系（唐院）	1948	中国工程院院士（1997）
37	黄旭华	造船工程系	1949	中国工程院院士（1994）
38	陈先霖	机械工程系	1949	中国工程院院士（1995）

【校史故事】三位老校长的爱国故事

张元济编《中华民族的人格》

抗战时期，张元济耳闻目睹国内一些上层人士苟安偷生、卖国求荣的丑恶行径后，十分愤慨，他特意从二十四史里选录了荆轲、田横等古代豪杰杀身成仁的故事，辑成文白对照的《中华民族的人格》一书。他在"编书本意"中说："这些人都生在二千多年以前，可见得我中华民族本来的人格是很高贵的。只要谨守着我们先民的榜样，保全着我们固有的精神，我中华民族不怕没有复兴的一日。"这时，因"七君子事件"身陷囹圄的邹韬奋写信致张元济，称这本书"实获我心，在国难危迫如今日，尤弥足珍贵"。

唐文治拒绝签字

抗战时期，70多岁高龄伴有失明的唐文治老校长，以病弱之身毅然率领无锡国专师生内迁到桂林，后因水土不服致病，辗转到上海租界就医。此时，敌伪千方百计胁迫利诱他出任伪交通大学董事长，并要挟他签字同意。唐文治不为威逼高薪所动，置生死于度外，从容答曰："行年七八十，此字可不签矣！"拂袖不顾。词学泰斗夏承焘曾为此作词《南乡子·倚老吟》赞颂之。

叶恭绰保护毛公鼎

毛公鼎是在陕西省岐山县出土的稀世珍宝，是我国现存青铜器中铭文最长的鼎，当时"士林瞩目，惊为至宝"。1926年，叶恭绰用重金购得毛公鼎后珍藏在家，其后美国人和日本人竭力想得到此鼎，1940年在香港的叶恭绰电召昆明西南联大的侄儿叶公超，"已经有美国人和日本人两次想高价收买毛公鼎，我没有答应，现在我把毛公鼎交付给你，日后不得用它变卖，不得典质，尤其不能让它出国，有朝一日，献给国家"。叶公超牢记叔父的嘱托，被敌人严刑拷打，也没有将鼎交出来，毛公鼎至今仍收藏于台北故宫博物院。

学生从军抗日

抗战时期,校内掀起爱国抗日从军热潮,本校学生担任盟军译员总数达177人,占1944年度在校生的13.21%,从军学生优良的素质得到各征调单位赞誉。学校专门成立"从军同学服务委员会",管理从军学生的学习、学籍等情况。

抗日英雄杨大雄是1940级机械系品学兼优的学生,上学期间毅然从军,1945年牺牲在柳州战役战场上,时年25岁。1948年6月21日,在他牺牲三周年之际,交通大学徐家汇校园里举行了杨大雄追悼大会及烈士纪念碑揭幕仪式。1997年1月22日,上海市人民政府追认杨大雄为革命烈士。

杨大雄烈士

交通大学部分从军学生合影
(前排左起:董金沂、杨大雄、罗祖道、严棣;
后排左起:俞鲁达、施增玮、朱城、李呈英、夏邦瑞、程学俭)

三、战后复员(1945—1949)

1945年8月,日本侵略者无条件投降,中国抗日战争取得彻底胜利。渝校师生分三批复员上海。1946年5月,复员工作完成。沪渝两地师生相会于徐家汇校园,积极进行校园修复、校务整理与建设,学校很快恢复了理工管三院制。

1946年建成的科学馆

新建教学大楼

1947年哲生馆授钥典礼

行政管理及校长

程孝刚（1892—1977）

1947年9月，程孝刚接任交通大学校长。1948年，当国民党反动军警镇压学生运动时，程孝刚极力保护学生免受伤害。解放后，程孝刚任交大运输起重机械系主任，1955年当选为中国科学院学部委员，1958年任交大副校长，曾担任全国人民代表大会第一届、第二届、第三届代表。

王之卓（1909—2002）

1948年7月起王之卓任交通大学代理校长，10月正式就任校长，直至上海解放。任职期间，在困难中勉力维持局面，他和师生员工一起保护学校，为迎接解放作出了重要贡献。

这一时期的行政组织系统有了很大发展，校长主持校行政会议，讨论、决策和领导全校各项重大事务，设教务长、训导长、总务长，分别主管全校教务、训育、总务工作。当时学校已发展成为建制相当完备的理、工、管理相结合的理工科大学。

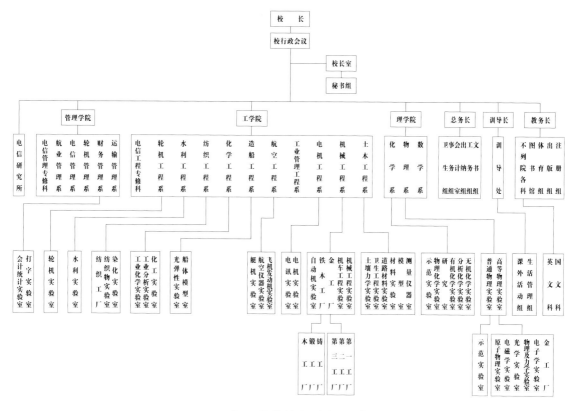

1949年1月学校行政组织系统

教学、学术研究和人才培养

这一时期，学校的教师队伍有很大发展，保持在290人左右；学生人数也较1936年增长了四倍有余，保持在3000人规模。学校师生致力于恢复和发扬交大优良办学传统，提出了"注重实际而施以严格训练"的教学原则，力求培养高质量的研究人才、工程人才、教育人才。在招生择优录取、加强基础教学、坚持重视学习国外先进科学技术、重视学生实习等方面，采取了相应的具体措施。为保证以上教学原则和措施的贯彻执行，学校恢复和健全了各项重要的规章制度。复员上海后，学校在院、系、科、所的设置有了一定程度的扩充，形成了"以理为基础，以工为实用，加以科学管理"的三院制，共设有18个系，2个专修科，1个研究所和2个先修班。学术活动逐渐恢复，相比抗战时期更为活跃，出版发行了众多学术杂志期刊。

学生数理研究会

学生通讯社

1949年以前交通大学出版的部分杂志和学术期刊

培育英才

抗战胜利后,学校招生人数逐年增加,1945—1948年本科生毕业人数共计1800人左右,毕业生因扎实的学识受到社会的普遍认可,其中后来当选为中国科学院、中国工程院院士的有25人。杰出校友还包括江泽民(1947年毕业于电机工程系)、丁关根(1951年毕业于管理学院运输管理系)等。

1949年电机系电讯组毕业同学合影

说明：此照片摄于1949年5月，上海解放前夕，背景为中华学艺社。1949年4月20日，中国人民解放军发起渡江战役。不久交通大学被国民党政府解散，实验室仪器等迁于中华学艺社内暂存。

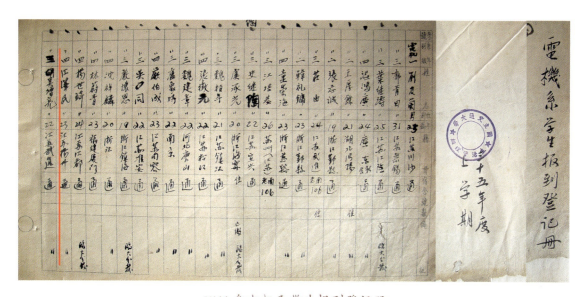

1946年电机系学生报到登记册

【校史故事】黄旭华——一生痴爱核潜艇，不求功与名

在庆祝中华人民共和国成立70周年之际，国家主席习近平签署主席令，授予42人国家勋章、国家荣誉称号。在八位"共和国勋章"获得者中，即有被誉为"中国核潜艇之父"的黄旭华。他是中国第一代攻击型核潜艇和战略导弹核潜艇总设计师，为研制中国第一代核潜艇，这位交大人隐姓埋名默默无闻30载。

黄旭华

黄旭华，中国工程院院士。1949年毕业于交通大学造船系，上大学期间加入中国共产党，为我国核潜艇研制和跨越式发展奉献毕生精力，作出开拓性贡献。核潜艇，是集海底核电站、海底导弹发射场和海底城市于一体的尖端工程。核潜艇技术复杂，配套系统和设备成千上万。为了在艇内合理布置数以万计的设备、仪表、附件，黄旭华不断调整、修改、完善，让艇内100多公里长的电缆、管道各就其位，为缩短建造工期打下坚实基础。

在核潜艇极限深潜试验中，黄旭华亲自上艇参与试验，成为当时世界上核潜艇总设计师亲自下水做深潜试验的第一人。在某次深潜试验中，他置个人安危于不顾，作为总设计师亲自随产品成功深潜到极限，为此他写下"花甲痴翁、志探龙宫、惊涛骇浪、乐在其中"的壮丽诗篇。他荣获国家科学技术进步奖特等奖和"全国先进工作者"等称号。2013年，黄旭华被评为"感动中国"十大人物，颁奖词写道："时代到处是惊涛骇浪，你埋下头，甘心做沉默的砥柱；一穷二白的年代，你挺起胸，成为国家最大的财富。你的人生，正如深海中的潜艇，无声，但有无穷的力量。"2017年11月17日，在全国精神文明建设表彰大会上，习近平总书记一再邀请他坐到自己身边，成为《新闻联播》上最感动人的一幕。

【校史故事】吴文俊——"人民科学家"和"最美奋斗者"

吴文俊

吴文俊，数学家，中国科学院院士，1940年毕业于交通大学数学系。吴文俊的主要成就表现在拓扑学和数学机械化两个领域。拓扑学是现代数学的支柱之一，也是许多数学分支的基础。吴文俊从1946年开始研究拓扑学，1957年当选为中国科学院学部委员，1974年后转向中国数学史研究，30年中在拓扑学领域取得了一系列重大成果，其中最著名的是"吴示性类"与"吴示嵌类"的引入以及"吴公式"的建立。他为拓扑学做了奠基性的工作。他的研究被国际数学界称为"吴公式"，被国际同行广泛引用。

拓扑学研究中，吴文俊起到了承前启后的作用，极大地推进了拓扑学的发展，引发了大量的后续研究，他的工作也已经成为拓扑学的经典结果，半个世纪以来一直发挥着重要作用，在许多领域中应用，成为教科书中的定理。

1974年以后，吴文俊开始研究中国数学史。作为一位有战略眼光的数学家，他一直在思索数学应该怎样发展，最终在对中国数学史的研究中得到启发。中国古代数学曾高度发展，直到14世纪，在许多领域都处于国际领先地位，是名副其实的数学强国。但西方学者不了解也不承认中国古代数学的光辉成就，将其排斥在数学主流之外。吴文俊的研究起到了正本清源的作用。

2001年吴文俊获得首届国家最高科技奖。2019年国庆前夕，吴文俊被授予"人民科学家"国家荣誉称号，入选"最美奋斗者"名单。

四、党总支成立领导革命斗争

中共交通大学总支成立

解放战争时期，在激烈的斗争中，学校党组织不断壮大，党员人数不断增加，为上海解放作出了贡献。抗战胜利时，学校只有一个党支部，25名党员，到1946年9月，党员人数增加到60多人，成立了地下党总支。1949年4月上海解放前夕，地下党总支已有6个支部、10个党组织，党员198人，占在校学生人数的8.8%；新青联（即新民主主义青年联合会，1949年学校党总支根据上级党组织指示，为迎接解放建立的党的秘密外围组织）成员达400余人，占在校学生人数的18%。

中共交通大学地下党组织沿革简表（1925—1949）

党组织名称	时间	书记（负责人）	副书记	委员	上级党组织
中共南洋大学党团支部	1925年底—1926年初	张永和			中共徐家汇独立支部
中共南洋大学支部	1926年3月	周赞明			
	1926年4月—1926年8月	陈育生			中共法租界部委
	1926年9月—1926年10月	黄苍麟			
	1926年11月—1927年4月	王师穆			

续表

党组织名称	时间	书记（负责人）	副书记	委员	上级党组织
中共交通大学支部	1928年7月—1928年9月	何子佳			中共法南区委（其中1930年10月—1931年1月属中共法租界区委领导）
	1928年10月—1928年12月	孙宝丰			
	1930年9月—1931年8月	许邦和		组织干事乔魁贤、宣传干事张某、（法南区委委派）	
	1931年9月—1932年夏	乔魁贤			
	1932年夏—1932年6月	王天眷		组织干事王镇钰、宣传干事戴中孚	
	1932年6月—1932年底	王镇钰		组织干事陈延庆、宣传干事戴中孚	
	1933年初—1933年6月	顾文卿		组织干事王骥、宣传干事林得连	
	1933年7月—1933年8月	林得连		组织干事王骥、宣传干事汪导淮（汪道涵）	
	1933年9月—1934年5月	冯柏根			
	1934年6月—1934年底	（不详）			
中共交通大学党小组	1940年9月—1942年8月	钦湘舟			
中共交通大学支部	1942年9月—1943年9月	仇启琴		仇启琴、钦湘舟	中共上海大学区委
	1943年10月—1944年底	仇启华			

续表

党组织名称	时间	书记（负责人）	副书记	委员	上级党组织
中共交通大学支部	1944年底—1945年8月	吴增亮、沈讴		吴增亮、沈讴、叶公毅、朱爱菊	中共上海大学区委
	1945年9月—1945年底	吴增亮	沈讴	吴增亮、沈讴、俞宗瑞	
	1946年1月—1946年8月	沈讴	俞宗瑞	沈讴、俞宗瑞、叶公毅、朱爱菊	
上海雷士德工学院支部（该校并入交大部分）	1946年1月—1946年8月	李国富		李国富、李学方、杨德兴、杨绥苏、程祖虞	中共上海"临大"区委
南京中央大学转学交大的学生党员	1946年1月—1946年8月				
中共交通大学总支	1946年9月—1946年底	吴增亮	沈讴	吴增亮、沈讴、俞宗瑞、叶公毅、朱爱菊	中共上海大学区委
	1947年1月—1947年8月	沈讴	俞宗瑞	沈讴、俞宗瑞、叶公毅、朱爱菊	
中共交大渝校复员来沪的党支部	1947年6月—1947年8月	熊庆生		熊庆生、陈明惶、袁嘉瑜	中共中央南京局青年组
中共交通大学总支	1947年9月—1948年4月	俞宗瑞		俞宗瑞、朱爱菊、王嘉猷、李国富、庄绪良、袁嘉瑜、姚欣茂（朱爱菊、王嘉猷、李国富组织关系转出后，陆续增补唐恒治、钟蕡、陈楷为委员）	中共上海大学区委
	1948年5月—1949年2月	庄绪良		1948年5月—1948年7月：庄绪良、唐恒治、钟蕴袁、袁嘉瑜 1948年8月—1949年2月：庄绪良、穆汉祥、陈启懋（10月参加）	
	1949年2月—1949年5月	庄绪良	陈启懋	庄绪良、陈启懋、吕胜、张仁昶、赵国士、严祖礽	中共徐（家汇）龙（华）区委徐家汇学委

护校运动

1947年5月13日，为了抗议南京国民政府在缩减教育经费的情况下停办航海、轮机两系科，学校绝大多数（2800余名）学生自驾火车赴南京请愿。为了阻止学生运动，上海军政当局沿路拆除铁轨，土木系学生组成抢修队自修铁轨。经过不懈斗争，国民政府被迫答应学生请求，两系科续办，并拨付学校经费。这就是闻名校内外的"护校运动"。

晋京请愿团学生出发

晋京请愿的火车

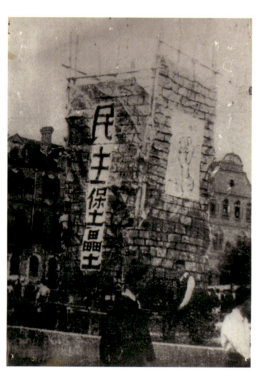

学校被誉为沪上"民主堡垒"

黎明前的战斗

1948年秋,国民党反动派已处于全面崩溃边缘,学校党组织领导全体师生员工进行各种斗争,宣传党的政策,争取群众,扩大组织,迎接解放。1949年解放前夕,国民党进行疯狂大逮捕,仅在4月26日一次逮捕中被列入黑名单的交大学生就达350余人,由于党组织事前做了准备,绝大多数同志安全转移,但仍有40余人被捕。交大学生地下党员穆汉祥、新青联会员史霄雯不幸被捕,于1949年5月20日被秘密杀害。

史霄雯烈士
1945—1949年就读
化学系

穆汉祥烈士
1945—1949年就读
电信管理系

血是吓不退我们青年的!用我们的血来写民主的第一章!

——史霄雯

我愿做地下的泥土,让人们践踏着走向光明的彼方。

——穆汉祥

为人民利益而光荣就义是值得永远纪念的。

——陈毅市长为"史霄雯·穆汉祥二烈士之墓"题写的碑文

第五章　开启历史新纪元（1949—1955）

1949年5月上海解放，6月15日上海市军事管制委员会正式接管交通大学。学校组建校务委员会，吴有训任委员会主任委员，陈石英为副主任委员。学校从此进入一个历史的新纪元。校务委员会领导管理学校，学习苏联实施院系调整，设立专业；紧跟工业化建设大局，经过三次调整，交大转型为以机、电、动、船类为主，师资力量雄厚的多科性重工业大学；加强党的领导和思想政治教育，1951年至1952年，中共中央华东局从华东党校、华东革大抽调大批干部，由李培南带队到学校工作，并根据上级要求，1952年学校党总支改组成立党委会，领导新民主主义教育建设。该时期，新中国工业建设欣欣向荣，毕业生踊跃参军参干，投身祖国工业建设。

一、军事管制委员会接管

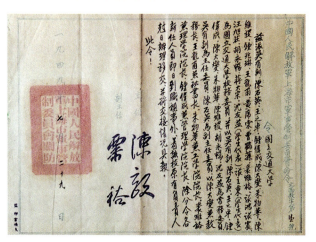

中国人民解放军上海市军事管制委员会命令

1949年6月15日，上海市军管会接管交通大学典礼在学校文治堂举行。军代表唐守愚宣读了"文字第壹号令"，号召"全体师生员工一致为建立新中国的交大、人民自己的交大而斗争"。校长王之卓致辞称：这是交大历史上划时代的新纪元。

接管后，上海市军管会和市人民政府决定交通大学成立校务委员会，领导和管理学校，7月29日陈毅、粟裕签署《中国人民解放军上海市军事管制委员会命令》（"文高教字第壹号令"）："兹派吴有训、陈石英、王之卓……"等十九位师生为交通大学校务委员，并以吴有训、陈石英等九人为常务委员，吴有训为主任委员，陈石英为副主任委员，陈大燮为教务长。校务委员会成立后迅速投入工作，通过《交通大学校务委员会组织章程》，并启动教员聘任、行政机构调整及规章制度建设等工作。

1949年9月，中国人民政治协商会议第一届全体会议召开，通过《中国人民政治协商会议共同纲领》，其中规定："中华人民共和国的文化教育为新民主主义的，即民族的、科学的、大众的文化教育。"1950年4月，学校召开第一次全校师生员工代表会议，讨论通过了《校务委员会工作方针》，指出："交大是理工管理类大学，它的基本任务是培养新民主主义的建设人才……"根据此工作方针，学校开展了课程改革，加强教学制度建设和教学计划工作，实施新的招生和毕业生分配办法等。

吴有训（1897—1977）

吴有训，江西高安人，著名物理学家、教育家，1920年毕业于南京高等师范学校，1926年获得芝加哥大学物理学博士学位，先后任教清华大学、西南联大等高校，曾任中央大学校长、中国物理学会理事长、中央研究院院士等。1948年聘为交通大学物理系教授。1949年7月出任校务委员会主任委员，1950年1月调离，后任中国近代物理研究所所长、中国科学院副院长等职。1955年当选为中国科学院学部委员。

二、院系调整与支援新中国工业建设

为适应国家经济建设的需要，根据苏联教育经验，中央人民政府进行了多次院系调整，学校由一所理工管理结合的大学转变为以机、电、动为主的多科性重工业大学。

1952年起全国高等学校学习苏联改革教育教学。学校按工艺、装备、产品以及行业等设置院系专业，共设机械制造、动力机械制造、运输起重机械制造、电工器材制造、电力工程、电讯工程及造船工程7个系18个专业14个专修科。同时，根据苏联同类型高等学校经验，制订统一的教学计划和教学大纲，按专业方向、统一规格培养人才，采用苏联教材和教学方法，建立基层教学教研室，健全各种考查、考试制度等。

1952 年院系调整后学校院系专业设置

系别	本科专业	专修科
机械制造系	机械制造工程专业	金工专修科
	金属切削机床专业	铸工专修科
	铸造及铸造工程专业	锻工专修科
	金属压力加工及其车间设备专业	焊接专修科
	金相热处理及其车间设备专业	热处理专修科
	汽车制造专业	金工工具专修科
动力机械制造系	锅炉制造专业	
	内燃机制造专业	
	涡轮机制造专业	
运输起重机械制造系	蒸汽机车制造专业	
	起重运输机械制造专业	
电力工程系	发电厂配电网及其系统专业	发电厂电机专修科
		输电与配电专修科
	工业企业电气化专业	工业企业电气化专修科
电工器材制造系	电气绝缘与电缆技术专业	电机制造专修科
	电机与电器制造专业	
电讯工程系	电话电报通讯专业	长途电话专修科
		市内电话专修科
造船工程系	船舶制造专业	船舶制造专修科
	船舶蒸汽发动机及其装置专业	船舶动力设备专修科

1949—1955 年学校院系专业调入情况

原机构	调入系科专业	时间
复旦大学	土木系	1951
同济大学 大同大学	机械系	
中华工商专科学校 华东交通专科学校	机械科	
上海市工业专科学校	动力科	
同济大学 大同大学 震旦大学	电机系	1952
沪江大学	电信组	
上海市工业专科学校	电力科	
同济大学 武汉交通学院	造船系	
武汉交通学院 上海市工业专科学校	造船科	
山东工学院	有线电专修科	1953

1949—1955 年学校院系专业调出情况

调出系科专业	去向	时间
航业管理系	上海航务学院	1950
运输管理系	北方交通大学	1951
纺织系	华东纺织工学院	
财务管理系	上海财经学院	
土木工程系	同济大学	1952
航空工程系	华东航空学院	
水利工程系	华东水利学院	
化学工程系	华东化工学院	
汽车制造专业	长春汽车拖拉机学院	1954
造船系	上海造船学院	1956
电讯系	成都电讯工程学院	

1955 年学校西迁时院系专业

院系	专业
机械制造系	机械制造工程专业；金属切削机床专业；铸造及铸造工程专业；金属压力加工及其车间设备专业；金相热处理及其车间设备专业
动力机械制造系	锅炉制造专业；内燃机制造专业；涡轮机制造专业
运输起重机械制造系	蒸汽机车制造专业；起重运输机械制造专业
电力工程系	发电厂配电网及其系统专业；工业企业电气化专业
电工器材制造系	电气绝缘与电缆技术专业；电机与电器制造专业

三、改组成立中共交通大学委员会

为加强党的建设和高等学校思想文化建设，1952 年 2 月 20 日，根据中共上海市徐汇区委组织部要求，"交通大学党总支改为党委会，以李培南同志为书记，万钧同志为第一副书记"。2 月 23 日学校党委会成立大会正式举行，李培南宣布："今后学校由党委领导，重大问题必须由党委讨论决定。"在学校党委领导下，成立学委会、工作人员和学生三个支部。学校党委成立后，负责组织领导开展思想改造、院系调整、学习苏联经验、教育改革和整党建党等工作。

1953 年 1 月 21 日，中共上海市委高等学校党工作委员会通知：经华东局组织部批复同意以彭康、李培南等十二人为委员，并以彭康同志为书记，在彭康同志未来交通大学前，由李培南同志代理书记职务。

李培南（1905—1993）

李培南，江苏沛县人，1927 年 3 月入党，参加过两万五千里长征。曾任中央党校、抗日军政大学政治教员，山东分局党校副校长，中共温州市委、地委书记兼军分区政委，华东局党校第二副校长等职。1952 年 2 月至 1953 年 7 月，任交通大学党委书记，代理党委书记、代理校长，1953 年调离。1978 年任上海社会科学院党委书记、上海市人大常委会副主任。

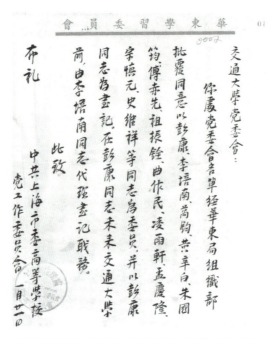

1953年中共交通大学委员会成员任命通知

1955年1月,学校首届党员大会召开,明确提出一切工作必须贯彻"面向教学、面向学生"的工作方针,党的组织建设必须与教学工作密切结合。当时全校成立7个党总支,36个学生党支部和临时支部,11个职工党支部,共有学生党员199人,占全校学生总数的4%。

四、培育社会主义建设者

中华人民共和国成立,百废待兴,国民经济处于全面恢复和发展时期。1952年中共中央制定过渡时期总路线,1953年实施"一五"计划,开展大规模工业建设,急需各方面专业建设人才。为配合国家工业建设需要,1952年起学校扩大招生规模,向万人大学进军;1955年2月,为贯彻毛泽东主席"三好"(身体好、学习好、工作好)的指示,学校颁布《交通大学"优等生""优等班"奖励办法》,以培育学生的共产主义品德,培养合格的社会主义接班人。1955年12月9日,学校举行"一二·九运动纪念暨评优给奖大会",共表彰全校13个优等班、35位"三好全优生"和202位"优良生"。受表彰同学有半数毕业留校,成为西迁创业的骨干。

中华人民共和国成立之初,高等学校研究生教育尚未步入正轨,全国仅招收少量研究生。1950年6月,学校于解放前夕招收的3名研究生毕业。1953年11月,《高等学校培养研究生的暂行规定(草案)》发布,"凡聘有苏联专家(或人民民主国家的专家)或师资条件较好的高等学校均应担负培养研究生任务,其目的为培养高等学校师资和科研人才。"同年,学校招收3个专业27名研究生,学习年限为2～3年。

1949—1956年学校招生及毕业生情况

时间	招生人数	毕业生人数
1949	758	649
1950	718	540
1951	676	365
1952	1709	742
1953	1714	878
1954	1903	1026
1955	2070	1291
1956	2173	1357

1953—1955年学校研究生招生情况

专业	人数		
	1953年	1954年	1955年
内燃机	13	13	13
工业企业电气化	9	9	9
电气绝缘及电缆技术	5	5	5
起重运输		9	9
电机（原理）			2
锅炉制造			8
发电厂			8
船舶蒸汽机（涡轮机）			6
船舶构造及系统			6
船舶内燃机（辅机）			7
总计	27	36	73

20 世纪 50 年代初培养的杰出人才（院士）

序号	姓名	系别	毕业时间	院士类别（入选时间）
1	吴杭生	物理系	1950	中国科学院院士（1993）
2	钱皋韵	物理系	1950	中国工程院院士（1994）
3	陈敬熊	电信研究所	1950	中国工程院院士（1995）
4	沈珠江	水利工程系	1950	中国科学院院士（1995）
5	陈明致	水利工程系	1950	中国工程院院士（1995）
6	陈志恺	水利工程系	1950	中国工程院院士（2001）
7	顾诵芬	航空工程系	1951	中国科学院院士（1991） 中国工程院院士（1994）
8	方守贤	物理系	1951	中国科学院院士（1991）
9	唐九华	机械工程系	1951	中国科学院院士（1991）
10	章基嘉	物理系	1951	中国工程院院士（1994）
11	蒋新松	电机工程系	1951	中国工程院院士（1994）
12	刘建航	土木工程系	1951	中国工程院院士（1995）
13	朱伯芳	土木工程系	1951	中国工程院院士（1995）
14	屠基达	航空工程系	1951	中国工程院院士（1995）
15	许庆瑞	工业管理工程系	1951	中国工程院院士（2007）
16	王景唐	化学系	1952	中国科学院院士（1991）
17	徐如人	化学系	1952	中国科学院院士（1991）
18	匡定波	物理系	1952	中国科学院院士（1991）
19	胡仁宇	电机工程系	1948 年入读	中国科学院院士（1991）
20	王方定	化学工程系	1948 年入读	中国科学院院士（1991）
21	季国标	纺织工程系	1948 年入读	中国工程院院士（1994）
22	朱英浩	电机工程系	1952	中国工程院院士（1995）
23	沙庆林	土木工程系	1952	中国工程院院士（1995）
24	翁史烈	造船工程系	1952	中国工程院院士（1995）
25	李乐民	电机工程系	1952	中国工程院院士（1997）

续表

序号	姓名	系别	毕业时间	院士类别（入选时间）
26	沈世钊	土木工程系	1952	中国工程院院士（1999）
27	万荣玉	化学工程系	1952	美国工程院院士（2000）
28	唐任远	电机工程系	1952	中国工程院院士（2001）
29	屈梁生	机械工程系	1952	中国工程院院士（2003）
30	汪应洛	机械工程系	1952	中国工程院院士（2003）
31	阮雪榆	机械制造系	1953	中国工程院院士（1994）
32	毛用泽	化学工程系	1949年入读	中国工程院院士（1995）
33	沈闻孙	造船工程系	1953	中国工程院院士（1997）
34	刘高联	机械制造系	1953	中国科学院院士（1999）
35	秦裕琨	机械制造系	1953	中国工程院院士（2001）
36	胡英	化学工程系	1950年入读	中国科学院院士（1993）
37	陈俊亮	电讯工程系	1955	中国科学院院士（1991） 中国工程院院士（1994）
38	陈新	土木工程系	1951年入读	中国工程院院士（1995）
39	关兴亚	化学系	1951年入读	中国工程院院士（1995）
40	谢友柏	机械制造系	1955	中国工程院院士（1994）
41	姚福生	造船工程系	1955	中国工程院院士（1994）
42	周永茂	机械制造系	1955	中国工程院院士（1995）
43	林宗虎	动力机械制造系	1955	中国工程院院士（1995）
44	徐秉汉	造船工程系	1955	中国工程院院士（1997）
45	董石麟	土木工程系	1951年入读	中国工程院院士（1997）
46	蔡睿贤	动力机械制造系	1956	中国科学院院士（1991）
47	曹春晓	机械制造系	1956	中国科学院院士（1997）
48	姚熹	电工器材制造系	1957	中国科学院院士（1991）

【校史故事】"歼-8之父"顾诵芬

顾诵芬

顾诵芬,江苏苏州人,1951年毕业于交通大学航空工程系,是我国高空高速歼击机的主要技术负责人之一。他先后参与了歼教-1、初教-6、歼-8和歼-8Ⅱ等机型的设计研发,并担任歼-8和歼-8Ⅱ的总设计师,被誉为"歼-8之父"。荣获2020年度国家最高科学技术奖。

因抗美援朝急需国家建立航空工业,1951年大学毕业后,经组织决定,他被分配到中央新组建的航空工业管理局工作。1958年7月,历时两年时间,顾诵芬参与设计研制的我国第一架喷气式亚声速教练机——歼教-1首飞成功。周恩来总理要求"这架飞机的设计人员,要他们做无名英雄"。

1961年,国防部第六研究院飞机设计研究所(601所)成立。三年后,601所承担的歼-8战斗机的研制工作正式启动,这是我国自主研发的第一架双发、高空、高速歼击机,交通大学校友黄志千担任总设计师,顾诵芬担任副总设计师,负责气动方面的科研设计。不幸的是,黄志千在执行出国任务时因飞机失事遇难。顾诵芬临危受命,接过总设计师的重担,和同事们攻克了无数难关,1969年7月5日歼-8完成首飞。

1981年5月,国务院国防工办任命顾诵芬为歼-8II型飞机总设计师。经过长时间努力,1988年3月18日歼-8II设计定型,在沈阳召开了隆重的庆功大会。1991年顾诵芬当选中国科学院院士,1994年当选中国工程院院士。自1999年以来,顾诵芬领导航空工业科技委飞机专业组开展了大量的研究工作,涉及通用飞机、大型飞机(包括大型客机和军、民用运输机)、轰炸机、高超声速飞行器、无人机、教练机、轻型多用途战斗机、外贸机等。

【校史故事】朱公谨与中国第一套高等数学教材

1952年院系调整后,我国学习苏联实施教学改革。1954年,高教部在大连召开了500多位教师参加的高等工业学校基础课程教学大纲审定会议,受高教部委托,我校教授朱公谨负责主持编订了我国高等工业学校本科高等数学课程第一个教学大纲。其后,朱教授自告奋勇编撰我国第一套《高等数学》(上下册)教材,1956年8月由高等教育出版社出版。该书以科学、严谨、系统为人称道,为确立交大在我国工科数学界的引领地位奠定了良好的基础。

朱公谨，字言钧，又名霭如，著名数学家、教育家。1919年9月考入清华留美预备学校，1922年赴德国哥廷根大学数学系留学，师从国际著名数学家科朗，1927年获博士学位。1928年受聘交大数学系教授兼首任系主任。后任光华大学、大同大学、同济大学、中央大学等校兼职教授，曾担任光华大学副校长等职。1952年院系调整后，专任交通大学教授。1956年随交大西迁，曾任西安交通大学数理力学系主任。1940届交大校友、2001年荣获"国家最高科学技术奖"的著名数学家吴文俊曾回忆，朱公谨积极从事数学普及工作，对他的现代数学观念的形成产生一定的影响。他说："朱公谨撰写的书籍和文章，我是每部必读，一篇不落下。"

朱公谨

殷大钧荣获C.P.S物理学会金质奖章

【校史故事】殷大钧与中国第一套物理学教材

1954年夏，高教部召开了高等工业学校基础课程教学大纲审定会议。1955年2月，高教部组成了物理学编写组，由殷大钧、王谟显、江之永三人领衔，主持编写我国第一套工科物理教材。本套教材分为三册，共计63万字。1955年8月，该教材由龙门联合书局初版，1956年12月转由高等教育出版社出版。这套教材除适用高等工科院校外，也适用师范、农林院校。1966年以前，全国非物理类专业的物理基础课大都采用这套教材。经历多次重印，全国发行数百万册。为此，殷大钧教授荣获中国物理学会颁发的金色奖章一枚。

殷大钧，著名物理教育家，1928年考入清华大学物理系，1930年参加中国共产党，后因学业紧张脱离党组织。曾任教于浙江大学、山西抗日民族革命大学、东北大学、交通大学（重庆），1945年赴加州大学研究院攻读硕士学位，1948年回国任交通大学教授。1955年春，中央决定交通大学西迁，时任物理教研室主任、物理实验室副主任殷大钧教授带头报名，扶老携幼（88岁母亲与5岁内侄女），全家西迁，一时传为佳话。改革开放后，他积极参与物理系的筹建工作。1985年，年近80岁高龄的殷大钧教授重新提出加入中国共产党的要求，1986年经陕西省委特批通过，从而实现了他终身为之奋斗的目标和心愿。1992年殷大钧教授去世，遵照遗愿，其毕生藏书和资料全部献给物理系。

五、祖国需要到哪里就到哪里

新成立的中华人民共和国时常面临帝国主义和国民党反动派的侵扰，人民政权急待巩固，社会经济秩序急待稳定，学校师生响应中央号召，以高昂热情和饱满精神投身打击银元贩子和残余匪特等宣传活动，奔赴南汇、川沙海塘抢修工程和苏北治淮工程，参加东北三省工业建设，踊跃参军参干，祖国需要到哪里就到哪里，以实际行动报效国家。

毕业生畅谈毕业志愿，祖国需要到哪里就到哪里

学生踊跃参军参干，支援新中国建设

【校史故事】"钢铁元老"胡兆森

胡兆森

中华人民共和国成立伊始,国民经济恢复急需大量专业技术人才,交大学子勤学苦练,掌握过硬本领,前赴后继投身祖国重工业建设一线。胡兆森是其中较为杰出的一位。

胡兆森,1951年毕业于交大机械工程系,被分配至鞍山钢铁公司工作,参加了我国第一个五年计划的三座大型自动化炼铁炉的基建工程。在上海市各大学应届毕业生大会上,他作为代表发言,表示坚决服从国家分配,决心到人民最需要的地方,做人民最需要的工作。

1953年是鞍钢三大工程(即大型轧钢厂、无缝钢管厂、七号炼铁炉)施工的高潮年,几万名工人开展劳动竞赛,力争在年底提前完工,为祖国献上新年贺礼。各项工程进展十分顺利,但在生产老厂区的土建施工中,突然发现有日伪时期留下的多种地下障碍物严重影响施工,这使得透平鼓风机系统的循环水泵站无法按期竣工,而炼钢发电和生产又不能停。在上下焦虑之际,胡兆森通过调查研究,及时提出一套科学的借水方案,使七号炼铁炉建设任务提前一个多月竣工。为此,《人民日报》专门刊发了一篇名为"成长——记模范技术员胡兆森"的通讯,中国新闻电影制片厂也针对他的事迹拍摄了一则新闻片。

胡兆森被誉为新中国青年技术人员与工人相结合的楷模。1954年,胡兆森以模范技术员的身份当选为第一届全国人大代表,此时距他大学毕业只有三年时间。值得一提的是,在第一届全国人大三次会议上,他还以代表身份做了"向全国人民汇报"的发言。此后他又到本钢、首钢工作,多次被全国总工会评为劳动模范,受到刘少奇、朱德、周恩来等国家领导人的亲切接见。20世纪70年代曾任职于冶金部、国家科委,负责科技创新领导管理工作。1988年获国家科技进步一等奖。

【校史故事】蒋大宗与上海第一个雷达站建设

中华人民共和国成立,国民党军队溃退台湾,经常对华东各大城市进行轰炸侵扰。1950年2月6日,国民党数十架飞机轮番轰炸上海杨树浦、闸北等地电厂和自来水厂,史称"二六轰炸"。三日后,华东军区司令员陈毅下令,抽调交通大学部分学生前往华东军区淞沪警备司令部防空处雷达队进行突击学习,尽快掌握雷达操作技术。2月16日上午,学校领导和党组织研究决定,把这项任务交给电机系电信组毕业班团支部,21名交大学生

2007年蒋大宗教授当选国际电气与电子工程师协会终身会士

团员赶往报到。在交大教师蒋大宗和上海国际无线电台总工程师钱尚萍的帮助下，学生们凭着满腔爱国热情，夜以继日工作，终于修复了架在安国路76号大楼和百老汇大厦楼顶的两台雷达。3月20日两部雷达及时发现了60千米外来袭击的敌机，使我军高射炮部队在第一时间内做好了战斗准备。5月11日晚，雷达又发现了距上海上空200千米的敌机，由于情报准确，敌机一进入我领空，就被高炮部队和苏联协防战机击落。5月下旬雷达队划归上海防空司令部电讯营，编为第一中队。

蒋大宗，江苏镇江人，著名生物医学工程学家，IEEE Life Fellow（国际电气与电子工程师协会终身会士），我国生命医学学科的开拓者和生物医学工程的创始人。抗战时期求学于西南联合大学电机系，1946年来交大任教，1957年随校西迁，扎根西北。蒋大宗从教60余年，先后参与了工业企业电气化、计算机等专业的筹建，对交通大学的学科建设与发展贡献卓著。1977年，几近花甲之年，他提出建立生物医学工程学科，后在计算机辅助医学诊断、功能性神经电刺激、生理信息的提取和信号处理技术等方面贡献突出，为我国生物医学工程学科的建设与发展以及赢得国际认可，立下不可磨灭之功。2010年蒋大宗被授予"中国生物医学工程学会终身贡献奖"。

2002年，在蒋大宗教授的学生、社会人士及家人支持下，学校设立"蒋大宗基金"，以激励更多学子献身祖国医疗健康事业。

六、苏联支援建设

全面学习苏联之后，中央聘请了大批苏联专家来华工作。根据高等教育部安排，1953年12月，内燃机专家罗冈诺夫和自动化专家舒金来到交大工作。至1958年，来校支援的外国专家28位，其中苏联26位，民主德国2位。苏联专家大都来自莫斯科动力学院、鲍曼大学、列宁格勒加里宁工学院等高等学校。专家的主要任务是人才培养和科学研究，帮助提高教学质量，进行专业建设和实验室建设。同时，学校也向苏联和东欧社会主义国家派出大批留学生（研究生和本科生），据统计，1953—1956 年有 328 人。另外，1955 年，根据高教部安排，4 位越南留学生来校学习。

1953—1959 年聘请苏联和民主德国专家名单

罗冈诺夫	魏嘉耶夫	恰基廖夫	纳塔尔丘克
舒金	伊斯托明	舍列施柯夫	马秋申
克鲁契科夫	布库斯	波斯诺夫	博宁
曼特洛夫	舍台侬	阿里克塞耶夫	贝尔特霍德
普拉夫金	契尔诺科夫	索洛乌辛	保尔恰尼诺夫
库金	普洛尼科夫	卢卡维什尼科夫	谢列兹尼奥夫
施密廖夫	维诺格拉道夫	多尔吉诺夫	巴比科夫

第六章　听党指挥内迁西北（1955—1959）

　　1953年"一五"计划实施，中央人民政府通过苏联援建的156项重点工程建立社会主义工业化基础。156项重点工程在中西部（陕西及周边）布局近半数，西安是"一五"时期全国建设的第二大工业城市。为解决东西部工业建设和高等工业教育布局失衡问题，同时受沿海局势紧张等现实因素影响，高教部党组1955年向国务院提出以交通大学为代表的十余所沿海高等工业学校内迁的方案，经周恩来总理等多位中央领导审阅，由全国文教工作会议审议通过，毛泽东主席签发通报全国。

一、中央决定，交大西迁

　　根据中央政治局关于沿海工厂学校内迁的方针，高等教育部党组于1955年3月30日提出《关于沿海城市高等学校一九五五年基本建设任务处理方案的报告》，上报国务院第二办公室林枫主任并报总理。内称："根据中央关于编制五年计划的方针和沿海城市基本建设一般不再扩建、新建的指示，重新研究了沿海城市高等学校的分布情况和今年的基本建设任务。根据保证完成全国高等学校原定招生计划，基本上停止或削减沿海城市高等学校的基本建设任务的原则，经与各有关方面协商结果，……将交通大学机械、电机等专业迁至西北设交通大学分校（具体地点和陕西省委商定）。准备在两三年内全部迁出。""将华南工学院、南京工学院、交通大学等校的电讯工程有关专业调出在成都成立电讯工程学院。"

　　3月31日，国务院二办林枫主任批呈陈毅副总理："这个方案，二办已经讨论过，认为可以同意。"

　　4月2日，陈毅副总理批示："送陈云副总理核示。"

　　4月7日，陈云副总理批示："这一件的主要内容是沿海城市的大学内迁，共有十三起几十个学校或专科……"同时，陈云同志批注："经刘、朱、彭真、小平阅后退国务院总理办公室。"交通大学内迁问题即在党和国家的最高领导机关内部决定了下来。随后，高教部将这一精神电话通知交通大学校长彭康。

1955年7月高等教育部正式下达通知要求交通大学内迁。

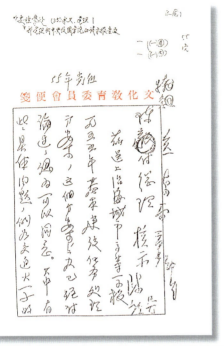

1955年4月2日陈毅批阅交大西迁相关报告

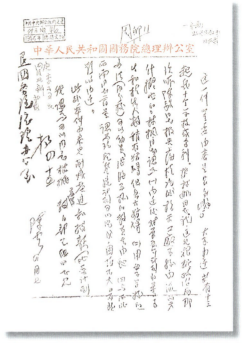

1955年4月7日陈云批阅交大西迁相关报告

1955年7月21日高等教育部下发关于交通大学内迁西安的通知

【校史故事】周恩来亲自领导交大西迁

根据"高等教育必须符合社会主义建设及国防建设的要求，必须和国民经济建设发展计划相配的原则"，为服务"一五"计划重点建设内地的规划要求，1955年4月中央决定交大两三年内从上海全部迁入西安。接到中央指示，交大党委和校务委员会雷厉风行，迅速着手建校迁校各项工作准备，5月中旬勘定西安市咸宁路新校址，10月底开始校园基建，1956年9月10日，交大迁校师生正式在西安人民大厦举行开学典礼，交大首批迁校任务圆满完成。

1956年毛泽东主席发表《论十大关系》，提出要统筹考虑沿海与内地工业发展。6月，中共上海市委急电中央，复议迁校方案。为照顾上海市工业发展，7月初周恩来总理批示"同意搬，必须留一个机电底子，以为南洋公学之续。"

1957年四五月，在"鸣放"中，就如何办好交大，更好支援社会主义建设等问题，交大师生围绕西迁方案展开热烈争鸣，二批西迁工作一度停止。面对西北人民的殷切期盼和上海工业发展的需要，

周恩来总理批准交通大学迁校调整方案的函件

交大师生"骑虎难下"。周总理遂电请沪陕两地政府、交大及相关高校师生代表同赴北京，亲自主持解决西迁问题。周总理日理万机，从5月20日至6月4日，他抽出大量时间与各方面深入座谈，了解存在问题。5月23日至25日，周总理连续三天听取各方面的意见；28日下午在听取交大领导汇报后，当日晚上周总理又邀请交大几位教授到中南海交谈，直至次日凌晨2时。经过半个月的座谈调查，周总理全面了解了交大迁校相关方面的意见，于6月4日在中南海西花厅召开专题会议。会上，周总理做了近万字的长篇报告，说明交大西迁方案出台、复议的历程背景；并指出，交大迁校及随后方案的调整，实系国家经济文化发展战略部署的调整所致。至于交大师生该何去何从？周总理从社会主义均衡发展与合理布局的角度入手，提出要着眼"一切有利于社会主义建设，一切有利于动员力量为社会主义建设服务"；认为"我们是社会主义高校""是集体主义者，必须从全面着想"。

最后周总理要求坚持"求得合理安排，支援西北方针不能变"的总原则。在学习讨论周总理的报告时，交大师生深为总理高瞻远瞩、为民服务的胸襟以及尊重信任知识分子的情怀所感动，明确了社会主义知识分子的历史使命与时代担当，决心共赴西北，砥砺奋进，重振汉唐雄风。

【校史故事】杨秀峰与交大西迁

杨秀峰

从1955年起，连续几年代表中央深入推进交大西迁工作的一线指挥员，是时任高教部部长兼党组书记杨秀峰。

1955年中央作出交大等高校内迁决定后，高教部迅速有力地加以推进。杨秀峰多次深入交大等校开展工作，一再重申中央决定的重大意义，反复提醒大家，重视交大才把这个任务交给交大，学校迁往西安后负有重大使命，将承担起在上海无法承担的任务，因此前程远大，要努力实现百分百过去。为解决西迁教职工调爱等实际问题，他还曾致信周恩来总理，提出具体建议。1956年7月，在国务院复议交大迁校问题时，高教部经过慎重研究，坚决仍按去年全国文教工作会议部署，实现交大全迁西安要求。同时增设一所由地方直接领导的南洋工学院，满足上海发展需要。此举为顺利完成交大第一批搬迁任务，如期在西安举行开学典礼奠定了基础。

1957年四五月间，交通大学师生围绕迁校问题发生争论，杨秀峰敦促学校加强思想工作，既充分发扬民主，又正确加以引导。他派高教部副部长刘皑风来校了解讨论情况并进行指导。5月中旬，他又安排交大师生代表赴京反映意见。在国务院研究交大迁校问题期间，杨秀峰夜以继日地工作，完成了总理交办的各项任务，有时亲笔撰写汇报材料，呈报总理。6月4日在国务院举行的专题会议后，当时年逾60的杨秀峰为处理交大迁校工作，奔波沪陕两地历时61天，在上海组织座谈、谈话计86次，在西安组织座谈、谈话76次。他一再表示："总理给我一个任务，要

1956年10月高教部部长杨秀峰（右1）来校视察

我到上海来，既要和交大同仁对支援西北任务讨论方案，又要保持交大基本完整，维护交大团结，更好发挥交大的作用。我不是来砍树的。我们要保证交大不但有60年的历史，还要有600年的历史。"8月4日回京后他曾向总理提交书面材料报告组织迁校工作的体会：坚持党对学校工作的领导，正确执行民主集中制。

二、雷厉风行，共赴西安

1955年4月上旬，彭康校长根据高教部的电话通知，在党委会议和校务委员会及时做了传达："中央决定学校搬家，搬到西安。中央根据建设方针，现在中国工业及高等学校的分布不合理，广大西北、西南地区高校很少，工业也是这样。我们要建设社会主义，必须改变这种情况。"5月中旬，彭校长与朱物华、程孝刚、周志宏、钟兆琳、朱麟五等老教授、系主任，共同察看和商议西安校址问题，最后选定了和平门外东南近郊的校址。5月24日至25日，学校召开校务委员会扩大会议，会上一致通过了《交通大学校务委员会关于迁校问题的决议》。决议提出："我校迁往西安，并在两年内基本上完成迁校任务。……1955年和1956年入学班以及该等班级的教师和相当的职工，于1956学年起在西安新址进行教学。其余的师生员工于1957年暑假前基本上完成搬迁任务。"

9月24日学校成立迁校委员会；12月17日由苏庄、邓旭初、任梦林三位同志组成迁校工作领导小组。11月24日经校务委员会讨论通过的《交通大学迁校方案》向全校公布，对迁校的任务、工作进程、宣传、人事、总务、招生等各项工作做了具体安排。

1956年暑假，经过10个月的努力，包括中心大楼、行政楼等在内的30余幢西迁教学、办公和生活建筑已基本完工，确保了第一批迁校任务的顺利完成。绿化与基建工程同步进行。1956年7月20日，张鸿副教务长率领部分教职工和家属迁往西安，准备开学事宜；8月10日，苏庄副校长率领师生员工和家属上千人（其中集体登车的学生600人），乘专列由上海徐家汇车站出发，浩浩荡荡地开往西安。9月10日学校在西安人民大厦礼堂举行了隆重的开学典礼，时有学生3906人，教职工815人（其中专任教师243人），家属1200余人，一所6000人的交通大学在古城西安落地生根。至此，交通大学首批迁校任务圆满完成。

彭康（1901—1968）

彭康，又名彭坚、彭子劼、彭嘉生，江西萍乡人，具有深厚造诣的马克思主义哲学家、久经考验的无产阶级革命家、开拓新中国高等教育事业的教育家。1924年进入日本京都大学哲学科，1927年毕业前夕回国参加革命，1928年加入中国共产党，曾任中央文委代理书记，是"左联"的主要筹备者和发起人之一。历任安徽省工委书记、中原局宣传部部长、华中局宣传部部长、华东局宣传部部长、山东省文教工作委员会主任等职，曾任华中建设大学、华东建设大学和山东大学校长。1952年经中央任命担任交通大学校长，后兼任党委书记。曾首译《费尔巴哈论》（德文版）等马克思主义经典著作。1955年起，带领交通大学广大师生员工西迁，顺利完成党中央赋予的使命，1959年担任西安交通大学校长兼党委书记，为学校扎根西部、开拓创业奠定坚实基础，是西安交通大学的奠基人。

西迁岁月

1955年5月中旬彭康（左4）率领朱物华（左1）、朱麟五（左2）、任梦林（左3）、周志宏（左5）、钟兆琳（左6）、王则茂（左7）勘察校址

1956年陕西省省长赵寿山（三排居中）接见交大西北参观团

1955年10月26日西安新校园开工建设

1956年初搬迁物资装箱起运

交大西迁师生乘车证

1956年9月10日借用西安人民大厦举行开学典礼

同学们在阅览室学习

师生参加建设兴庆公园义务劳动

学生参加校园绿化劳动

西迁初期师生在草棚大礼堂听报告会（草棚大礼堂夏不避雨，冬不避寒，是学校西迁艰苦创业的缩影，给西迁师生留下了深刻记忆）

赵富鑫教授在西安家中备课

张鸿副教务长在西安新校园上课

三、统筹全局，主体西迁

1956年毛泽东发表《论十大关系》后，高教部、国务院根据交大和上海市委的反映，对交大迁校问题进行复议。7月12日杨秀峰部长传达周总理口头指示："同意搬。必须留一个机电底子，以为南洋公学之续。"

1957年"鸣放"中师生围绕交大迁校之利弊展开了热烈

1957年9月14日《人民日报》刊文《适应工业发展培养新的建设人才 西安上海部分工业院校进行调整 国务院批准高等教育部会同各方面提出的调整方案》

讨论，二批搬迁任务陷入停滞。经过深入调研，6月4日周恩来总理主持召开解决交大迁校问题的专题会议时郑重提出，根本着眼点是"有利于社会主义建设，一切为了更好动员力量为社会主义服务""总的原则是求得合理安排，支援西北方针不能变"。其后，根据周总理安排，在高等教育部杨秀峰部长和刘皑风副部长的具体领导下，交通大学师生经过广泛讨论，最后形成了一校分设两地的新方案，并呈报高等教育部。报告内称："交大分设西安、上海两地，两部分为一个系统，统一领导。……西安部分完整地设置机、电方面的专业，逐步添设新技术和理科方面专业，并发展成为理工大学；上海部分办好机、电各专业，着重提高教学质量。"另外，"西安动力学院全部并入交通大学西安部分。西北工学院的纺织、采矿（包括地质）两系及西北农学院的水利、土壤改良专业并入交大西安部分。"9月12日国务院正式批准上述报告。

1959年6月2日，教育部向国务院二办和总理呈送《关于交通大学上海、西安两个部分分别独立成为两个学校的报告》，内称："1956年经中央批准交通大学迁往西安。嗣于1957年根据交通大学内部的实际情况及当时上海、西安两地的需要，报经国务院批准对该校迁往西安的具体方案作了调整，决定交通大学的大部分专业及师生迁往西安，作为交通大学的西安部分；小部分留在上海并与原上海造船学院及筹办中的南洋工学院合并，作为交通大学的上海部分；……由于两个部分规模都很大，距离又远，行政上再实行统一管理，有许多不便之处。""拟将交通大学西安及上海两个部分从现在起分别独立成为两个学校。上海部分改称上海交通大学，西安部分改称西安交通大学。"1959年7月31日，国务院批复教育部："同意你部《关于交通大学上海、西安两个部分分别独立成为上海交通大学和西安交通大学以及两校分设后若干具体问题的处理意见》。"

1959年6月高教部《关于交通大学上海、西安两个部分分别独立成为两个学校的报告》

1959年7月31日国务院关于交通大学上海、西安两个部分分别独立建校的批复

1959年3月22日中共中央在高等学校中指定一批重点学校，西安交通大学首批入选

1955年底交通大学在册教师共556人（不包括即将成为上海造船学院的原交大造船系教师和决定迁往成都的电讯系教师），迁来西安341人，占61.3%；留在上海215人，占38.7%。最终留在上海的215人中，有51人在西安任教两年。1956年底交通大学在册教师共767人，迁来西安537人，占教师总数70%。1956级全部新生2133人在西安报到，1954、1955级学生2291人，有81.1%迁来西安。1956—1957年，运送西迁物资的列车装满700多节车厢。

1959年10月西安交通大学校牌在庆祝建国十周年游行庆典中首次亮相

迁校前后学校规模对比

时间	占地面积/亩	建筑面积/万平方米	实验室数量/个	藏书数量/万册	教师/人	在校学生/人
1955年底	600	10.4	24	17	709	6111
1959年底	1520	31	50	52	1223	9400

【校史故事】"大总管"任梦林

任梦林，山东广饶人，1939年参加抗日队伍，1940年2月加入中国共产党，曾任渤海垦区独立团后勤处副处长、供给处处长，南进干部纵队三大队供给处主任，华东革大二部供给科科长，华东局党校校务处副处长，华东教育部干部补习班总务处处长。1952年10月中央从各条战线抽调一批革命干部到高等学校加强党组织建设，任梦林同志来到交通大学工作并任学校总务长。20世纪70年代后期，他担任校党委常委、副校长。

20世纪70年代末任梦林（左2）副校长视察基建工作

来校之后，因招生规模快速增加，他即承担起老校园的改造扩建任务。1955年，在接到中央要求学校西迁的决定之后，受彭康校长委派，任梦林带领基建科科长王则茂进京接受任务，后到西安勘定校址、组织校园基本建设任务。作为迁校委员会副主任，他还负责迁校总务、后勤、基建等繁重工作。面对史无前例的搬迁基建任务和迫在眉睫的建设工期，他发扬革命干部的作风，敢打敢拼，严控施工进度，与西安市委积极配合，1955年10月底至次年7月完成了师生公寓、中心楼等30余幢10万平米的基建任务。面对艰巨的教学科研生活物资的搬迁及后勤保障工作，他工作细致，要求严格，保证了9月首批迁校任务的圆满完成。他与总务团队戮力同心为师生营造了一个"西安的小上海"生活圈，使师生有宾至如归之感。至今，每当西迁教师回忆西迁岁月，必然会提到当年后勤职工的周到服务。

如今西安交通大学兴庆校区的合理规划和优美绿化，无不浸透着任梦林和广大总务后勤职工的智慧和汗水。20世纪90年代江泽民同志来校视察，曾赞叹："同学们现在有这样好的一个环境，跟过去交大在上海时不好比啊。你们这个地方苍松翠柏，一片青翠，环境是太好了……"

【校史故事】钱学森与交大西迁

钱学森是世界著名科学家、空气动力学家、中国"两弹一星"元勋、中国载人航天奠基人，也是西安交通大学最受崇敬的校友之一。1955年，他突破重重险阻毅然回到祖国，参加新中国的建设事业，深刻影响了一代代青年学子。

1955年10月初，他踏上祖国故土，22日即来到交大，在彭康校长等人陪同下参观了母校校园。他兴奋地表示：学校的发展情况比我想象中的还要迅速。25日，他再次回校与各系主任、教研室主任座谈美国科学界的近况，分析美国科学发展的局限与困难，并结合自己的亲身经历和回到祖国的感受，向大家展望了祖国科技无限广阔的发展前景。他表示：今后要为祖国的社会主义建设贡献自己的力量。钱学森学长不顾一切阻挠，誓回祖国的行动为正在拔营西迁的广大师生树立了典范和榜样：祖国需要，就是我们无悔的志愿。

1957年，交大西迁方案陷入激烈争论之际，钱学森学长给师生写信："迁校问题已经得到党和政府高级领导的注意，我相信他们的决定是明智的，我们应该服从并支持这样的决定。我们一直说，党在科学事业的安排布置

1959年9月19日，钱学森（右3）专程从北京来到西安，在苏庄副校长（右1）陪同下漫步母校西安新校园

方面一定能领导。既然承认党能领导科学，那我们有什么理由不接受党的决定呢？"交大师生深受启发，更加坚定西行报国的决心。

1959年9月19日上午，钱学森学长亲临西安交通大学校园，看望师生，实现了他两年前许下的诺言："我的最高希望是明年能到西安去参观母校新址。"在苏庄副校长陪同下，他与学校师生深入座谈。他说："回母校参观，感到很高兴。"继而，他谈了如何开展和加强力学研究工作，并参观了力学实验室和土力学实验室。

钱学森学长对母校西迁创业关怀备至，在工程力学、应用数学等学科的发展中，他给予了无微不至的关怀。在他90岁生日的当天，他还寄语母校："希望西安交通大学全体师生要继承和发扬母校优良传统，热爱祖国、崇尚科学、追求真理、报效人民，努力把西安交通大学建设成世界一流大学。"为激励学子向钱学森学长学习，1995年经学校党委请示，中共中央同意将西安交通大学图书馆命名为"钱学森图书馆"。

四、西迁先贤，后世楷模

学校党委团结一心、众志成城，是西迁顺利完成的坚强中流砥柱。17位党委委员中的16位，7位党委常委中的6位带头西迁创业。教授群体胸怀家国、不畏艰苦、率先垂范、传承薪火、艰苦创业，是西迁建功的主体。

西迁时中共交通大学委员会成员（1956）

	迁校人员	留沪人员
党委书记	彭康	
党委副书记		邓旭初*
党委常委	彭康、苏庄、林星、杨文、祖振铨、吴镇东	邓旭初*
党委委员	彭康、林星、苏庄、祖振铨、杨文、王宣、陈文健、吴镇东、陶钟、徐士民、宗慎元、潘季、于晶莹、胡保生、任梦林、曹鸿谟	邓旭初*

注：★因组织安排未迁来西安。

西迁时学校主要行政领导及任职情况（1956）

职务	负责人
校长	彭康（1953—1968）
副校长	苏庄（1955—1965） 陈石英*（1952—1958）
教务长	陈大燮（1949—1958）
副教务长	黄席椿（1952—1958） 张鸿（1955—1959） 杨槱*（1955—1959）
总务长	任梦林（1952—1966）
人事处处长	林星（1954—1966）

注：★因组织安排未迁来西安。

西迁教授

钟兆琳
电机工程专家

陈大燮
热工专家

朱公谨
数学家

赵富鑫
物理学教育家

严晙
电力拖动专家

陈季丹
电气绝缘专家

殷大钧
物理学教育家

周惠久
材料科学专家

沈尚贤
电子工程专家

张鸿
数学教育家

黄席椿
电磁场与微波理论专家

朱麟五
热力工程专家

沈三多
机械工程专家

张寰镜
机械工程专家

孙成璠
机械工程专家

陆振国
动力机械专家

吴之凤
机械工程专家

张景贤
动力机械专家

顾崇衔
机械工程专家

冯桐
动力工程专家

陈学俊
动力工程与热物理专家

吴有荣
热力工程专家

徐桂芳
数学教育家

江宏俊
动力工程专家

顾逢时
机械工程专家

冯秉新
体育教育家

朱荣年
体育教育家

谈连峰
体育教育家

瞿钰
动力机械专家

陆庆乐
数学教育家

来虔
机械工程专家

顾振军
电气绝缘工程专家

石华鑫
压缩机及制冷工程专家

季诚
机械工程专家

庄礼庭
金属塑性成型专家

王哲生
电力工程专家

乐兑谦
机械工程专家

王绍先
电力工程专家

刘耀南
电力工程专家

张世恩
化学专家

吴励坚
电力工程专家

于怡元
电子工程专家

朱城
工程力学家

蒋大宗
生物医学工程专家

王季梅
真空电弧专家

蔡颐年
热力涡轮机械专家

何金茂
电力电子学专家

苗永淼
透平压缩机及鼓风机专家

杨世铭
工程热物理专家

袁轶群
动力机械专家

【校史故事】钟兆琳：把文化普及全国，把光明照到边疆

钟兆琳教授（右2）指导青年教师

钟兆琳被誉为"中国电机之父"，培养出的优秀人才不胜枚举，钱学森、王安、江泽民等皆视先生为"学子楷模"。

1955年，钟兆琳教授作为校务委员会委员、电机系主任极力拥护迁校。他陪同彭康校长亲临西安勘定校址。1957年搬迁时，周恩来总理关照：钟先生年龄较大，身体不好，夫人又病卧在床，可以留在上海。钟兆琳婉言谢绝："当初校务委员会表决，我是举手赞成了的，大学教师是高层的知识分子，决不能失信于人，失信于西北人民。"钟兆琳只身一人来到西安，天天吃食堂，身先示范创业，激励了交大许多师生，为学校成功西迁作出了贡献。

内迁西安之际，条件简陋，钟兆琳第一个到教室给学生上课。当时电机实验室尚未建好，西安难以找到一家像样的电机厂，他事必躬亲，迎难而上，使电机系的教学工作走上了快速发展的轨道，成为国内基础雄厚、条件较好、规模较大、设备日臻完善的电机系。

1968年，学校开办"七二一"试点班，因被剥夺了上讲台"资格"，他就主动跑到学生中间，给大家辅导功课。每当他挂着拐杖走进学生宿舍时，大家都非常激动。20世纪80年代，为了提高教师们英语的听、讲能力，钟兆琳亲自开班，在家中辅导青年教师。为实际支援西北工业建设，年逾八旬的钟兆琳还曾跟随学校领导远赴新疆实地考察。

钟兆琳教授从事电机工程教育60余年，为学校电机学科和我国电机工业的发展作出不可替代的贡献。在病危之际，他仍心系交大，捐资成立"钟兆琳奖学金"，"愿将我工资积蓄的主要部分贡献出来，建立教育基金会，奖励后学，促进我国教育事业，以遂我毕生所愿……"

为纪念先生功绩，学校在20世纪90年代专门塑像于电机系楼前，并将其带头创建的电机实验室命名为"钟兆琳电机工程实验室"。

【校史故事】陈大燮：交大对发展西北建设事业负有重大使命

陈大燮，国家一级教授，著名热工学家、教育家，我国热力工程教育先驱。

中央决定交大西迁，陈大燮教授身为教务长，坚决响应中央号召，并撰文阐释西迁的重要意义。他出任迁校委员会副主任，并协助彭康校长全面推进科研任务。迁校时，他处理掉上海的房产，和夫人一起来到西安。在他带领下，热工教研室完整搬到了西安，为热工学科的发展奠定了扎实基础。1957年迁校问题出现争论时，陈大燮和一些教授提出了"一个交大分设两地，师生设备互相调剂"的建议，成为后来"一个交大，两个部分"方案的雏形，成功解决了迁校问题。在1957年的开学典礼上，他说："我是交通大学上海和西安两部分的教务长，但我首先要为西安部分的学生上好课。"

陈大燮教授从事热力工程学科的教学与研究工作近50年，为我国热力工程学科的创建和发展发挥了重要作用。20世纪50年代中后期，陈大燮教授主

陈大燮教授（左2）指导青年教师

持开展了工程热力学研究，他确定的两大研究方向至今仍然是我国工程热力学领域的主要研究内容。20世纪60年代，他出任高教部热工教材编审委员会主任，制订了我国第一部传热学教学大纲，组织出版了一批我国学者自行编写的教材，奠定了我国热工类课程的教学基础，使西安交大热工教学蜚声国内。

陈大燮教授注重提携后学，我国知名的热工专家刘志刚、徐通模、陶文铨等皆属我校热工学培养的杰出人才。他创建的热工教学团队60多年来一直是国家级的优秀教学团队。及至晚年，他仍不遗余力为培养研究生助力，临终前，把个人积蓄3万元捐给学校做奖学金。他的夫人去世前，又把陈先生留给她的1万元生活费捐献给了学校。

【校史故事】张鸿：爱家首先要爱国，没有国哪还有家

张鸿，著名数学家、教育家，国家二级教授。

1956年7月，张鸿教授携病妻弱女和首批教职工及家属来到西安，不分昼夜地投入紧张繁重的建校工作。他以副教务长和基础课教授双重身份，主持了一、二年级学生的迁校

张鸿教授（右）指导青年教师

和教学领导工作，保证了西迁工作的顺利进行。迁校时教学行政工作十分繁重，张鸿一心在公，生活简朴，夫人患病常年卧床在家，他不请保姆，自己料理家务。家里除了书籍，只有从学校借来的几件简单家具。在他的影响下，不少思想上有过波动的教师，下决心迁来西安。

迁校之际，高等数学教研室年轻助教较多，讲大班课的教师严重不足，张鸿带头承担一个大班的授课任务。1962年，他出任教育部全国高等院校数学教材编审委员会主任委员，主持修订了数学课教学大纲，推动了数学课教学改革，对提高全国高等数学课教学质量起了重要作用。他指导推动了《高等数学》《复变函数》等全国通用教材的编写出版。60多年来，由张鸿创建的大学工科数学教学团队一直是国家级优秀教学团队。

张鸿注重青年教师的培养，通过教师教育理论和教学法的研讨、教学经验传统的总结，使学校基础课程教学水平节节上升，本科教学水平处于全国领先地位。

张鸿1960年担任副校长，兼任九三学社中央委员，他成为学校党委与九三学社加强合作的桥梁。校党委在出台重大决策前，九三支社会"先走一步"，就方案进行充分讨论，收集意见，然后反映给党委。决定正式出台后，他立即在九三支社传达，一起贯彻执行。这种做法后来成为学校统战工作的优良传统。

【校史故事】沈尚贤：举家西迁高风尚

沈尚贤，著名电子工程学家、教育家，我国自动控制与电子工程领域奠基人之一，国家二级教授。

1955年中央决定交大西迁，沈尚贤任工企教研室主任，他旗帜鲜明、坚决拥护，并身体力行，对电力系大部分中青年教师顺利迁到西安起到很大作用。1957年迁校辩论时，沈尚贤组织在北京参加培训的教师进行讨论，力陈迁校意义，在京培训教师一致赞成学校全迁。同时，为了支援西北建设，沈尚贤还推心置腹，亲自动员胞妹沈德贤和妹夫陈国光放弃上海优越的生活条件，来西安任教。这在交大历史上传为佳话。妹妹沈德贤时任交大理论力学讲师，妹夫陈国光留美回国后在上海一家工厂担任重要工作，待遇优厚。1958年，沈尚贤举家随校西迁，成为西部大开发的先行者。

1958年，沈尚贤提议建立了国内最早的一批工业电子学专业，率先开出新专业课，并参与直流输电、大功率整流器和电子单元组合控制系统的研究。同期还翻译了一批不易收集到的资料并公开出版，奠定了我国高校电子技术教育的基础。在苏联专家来华讲学时，他积极参与承担各校教师和各工业部门技术领导的辅导任务。

2009年江泽民同志为西迁老教授沈尚贤题词

年逾七十的沈尚贤还主编出版《模拟电子学》《电子技术导论》等教材，主持电子学课程的改革。沈尚贤十分注重提携后辈、培育新人，深受青年教师和学生的爱戴。在他的指导下，电子学教研室涌现出一批在国内知名的老师。1990年，国家教委颁赠他"老骥伏枥，志在千里，桃李不言，下自成蹊"的铭石一座。2009年，在沈尚贤百年诞辰之际，江泽民学长题词"举家西迁高风尚 电子领域乃前贤"，以示纪念。

【校史故事】赵富鑫：为祖国、为人民的最迫切需要服务，最值得

赵富鑫，著名物理学教育家。1925年任教于交通大学，是解放前我国较早自行培养的物理学教授，从事大学物理教学研究近70年，为老交大"基础厚、要求严、重实践"物理教学传统的建立，以及中国大学物理教材的编订等方面作出突出贡献。

西迁时赵富鑫担任校务委员会委员、校工会主席、图书馆馆长，对于党中央的西迁决策，他坚决拥护，并于1956年初出任西北参观团副团长，带领教工、家属及学生访问西北，实际了解工业建设及文化教育情况，回上海后他积极动员教师西迁。同年暑假，他率全家第一批

赵富鑫教授西迁后一家合影

到西安。为适应地方需要,学校设立夜校部,他出任主任。图书馆搬迁、图书杂志资料整理工作繁重,他又兼任图书馆馆长。1959年任新成立的数理力学系主任、基础部主任等职。1959年加入中国共产党。1960年参加省市组织的赴苏联参观团。1962年,作为首届委员他参加了我国第一个工科普通物理教学大纲的制订工作。

20世纪70年代,年逾七十的赵富鑫参与中国太阳能学会的创建工作,1979年当选中国太阳能学会常务理事,1980年主持编写了国内最早的光电池教材《太阳电池及其应用》。1999年元月他将10万元积蓄捐出,设立奖教奖学基金,以推动和发展新世纪的物理教学事业。赵富鑫与交大相伴近八十年,1996年被学校授予"终身教授"荣誉。

第七章　扎根西部建功立业（1959—1978）

迁校十年，彭康校长带领广大师生，牢记周总理嘱托，坚持党的领导，扎根黄土地，建设先进的社会主义工业大学，开创了学校办学历史上的又一个"黄金十年"。学校按照迁校与创业并重，人才培养与服务西北并举的方针，坚持"面向教学、面向学生"，立志多培养几个钱学森，在师资队伍建设和教育改革方面，为中国高等教育探索作出重要贡献；同时，坚持教学为主，瞄准高端工业人才培养和国家重点工程建设，积极部署尖端新专业，创建国家研究基地，切实投入西北的农业"四化"和工业"双化"运动，培养和创造了一批杰出人才和重大成果，凸显了学校在西北建设中的示范作用和战略意义。

一、实行党委领导下的以校长为首的校务委员会负责制

中共西安交通大学委员会成立

1956年8月，为加强对迁校工作的领导，由校党委提名，经中共西安市委批准成立中共交通大学委员会西安分党委会。分党委会受中共西安市委和交通大学党委双重领导。分党委会委员由苏庄、杨文、王宣、陈文健、任梦林等13人组成，苏庄任书记，杨文任副书记。1959年2月中共交通大学委员会召开西安部分全校党员大会，该会被视为中共西安交通大学第一次代表大会。至1977年，学校党委总计召开党员代表大会5次，很好地发挥了党在领导高等教育改革探索与人才培养中的核心作用。

1959年中共西安交通大学第一次代表大会召开，彭康同志发言

1959—1978年学校历次党代会一览

时间	党代会名称	主题
1959年2月	中共交通大学西安部分第一次代表大会	实行党委领导下的校务委员会负责制。贯彻"调整、巩固、充实、提高"的方针，以教学为中心，结合生产劳动，积极进行科研，把教育革命推进一步
1960年12月	中共西安交通大学第二次代表大会	树立以农业为基础的思想，进一步贯彻党的教育方针，为培养高质量的干部而努力
1962年7月	中共西安交通大学第三次代表大会	贯彻"高教六十条"，为争取不断提高教学质量和学术水平，培养出高质量的科学技术人才而奋斗
1964年2月	中共西安交通大学第四次代表大会	贯彻执行党的总路线和教育方针，按照多、快、好、省的要求，把我校建设成为一个出人才、出成果、出产品、出经验的先进的社会主义工业大学，培养出更高质量的又红又专的建设人才
1971年1月	中共西安交通大学第五次代表大会	开展思想和政治路线方面教育运动，维持教学工作秩序

西迁以后，彭康校长带领广大师生员工自力更生、艰苦奋斗，使西安交大在西部大地很快扎牢了根，成为首屈一指的工业人才培养及科技创新高地，改变了西部没有多科性工业大学的格局。他始终坚持以马克思主义为根本指导，牢固坚守社会主义办学方向，从国家长远发展的战略高度，定位学校的建设目标和学科发展规划，使西安交大始终走在时代前列。他明确大学必须以育人为中心，一切要"面向教学、面向学生"，筑牢关键两条（党的领导和教师队伍），坚持教学三原则（少而精学到手、理论联系实际、鼓励革新批判），强化"三基"（基础理论、基本知识和基本技能）教学方法，建设"三严"（严谨、严格、严密）、三活跃（思想活跃、学习活跃、生活活跃）的教风学风，全力培养"又红又专"的社会主义建设者，力争"多培养几个钱学森"。1968年初，彭康校长不幸罹难。

实行党委领导下的以校长为首的校务委员会负责制

1958年9月，中共中央、国务院发布《关于教育工作的指示》，提出"党的教育工作方针是教育必须为无产阶级政治服务，教育必须与生产劳动相结合。为了实

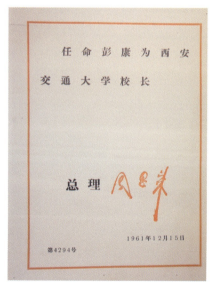

国务院任命彭康担任西安交通大学校长证书

现这个方针，教育工作必须由党来领导"；"在一切高等学校中，应当实行党委领导下的校务委员会负责制"。1959年3月学校拟定了《关于贯彻执行党委领导下的以校长为首的校务委员会负责制暂行办法》。1961年9月《高教部直属高等学校暂行工作条例（草案）》（又称"高教六十条"）经中央政治局常委会通过试行。其中重申了高等学校的基本任务和培养目标，对高等学校的领导和管理体制做了相应规定。根据"高教六十条"指示，学校实行党委领导下的以校长为首的校务委员会负责制，要求学校工作中的重大问题经党委研究后，由校长提交校务委员会讨论决定，由校长组织实施；明确了系党总支对系行政起保证监督作用，支部对教研组起保证监督作用。领导制度和管理制度的改革保证了党的集中统一领导，有效发挥了行政组织的作用。

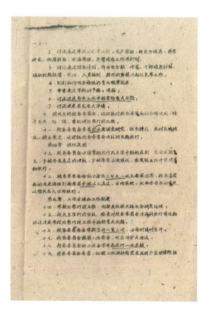

1959年学校拟订的《关于贯彻执行党委领导下的以校长为首的校务委员会负责制暂行办法》

二、努力建设先进的社会主义工业大学

西迁之际，交通大学是一所以机电动为主的多科性工业大学，时设机械制造工艺及设备等14个专业。1957年经国务院批准，交通大学一校分设两地后，西安部分增设了工程力学、应用数学、应用物理、无线电技术、电真空技术、无线电材料及元件与半导体、数学及计算仪器、反应堆设计与制造、制冷及深度冷冻等十余个新技术及应用理科专业；同时并入西安动力学院全部和西北工学院的采矿、纺织两系，西北农学院的水利、土壤改良专业。9月，

交通大学西安部分共设数理、机械制造等10个系24个专业。根据国防工业建设和国民经济发展的需求，学校后续又增设工业电子学、自动学与远动学、应用化学等一批高尖端技术专业；同时，调出采矿和地质两系成立西安矿业学院。至1959年7月学校定名西安交通大学之际，共设8个系34个专业。1960年，陕西省委决定，学校调出水利系和纺织系成立陕西工业大学。至1963年，学校共设6个系25个专业，形成以工科为主，兼有应用理科的多科性理工大学。1964年2月29日中共交通大学第四次代表大会召开，党委提出"把我校建设成一个出人才、出成果、出产品、出经验""培养出更高质量的、又红又专的建设人才的先进的社会主义工业大学"的目标。

20世纪60年代中期学校系科设置

系名	专业
数理系	应用数学、应用力学、应用物理
机械制造系	机械制造工艺及设备、铸造工艺及设备、锻压工艺及设备、焊接工艺及设备、金属学及热处理工艺及设备
动力机械系	内燃机、锅炉、蒸汽机与燃气轮机、压缩机、制冷机及深度冷冻装置
电机工程系	发电厂电力网及电力系统、高电压技术、电机与电器、工业企业电气化与自动化、电气绝缘与电缆技术
无线电系	无线电技术、电真空技术、无线电材料与元件、计算技术与装置、自动控制
工程物理系	电物理装置、反应堆工程

三、引领中国高等工业教育的改革与发展

新中国成立之初，学校借鉴苏联经验探索社会主义高等工程教育办学模式。作为中国高等工程教育的开先河者和新中国工业建设高端人才培养的排头兵，学校密切结合社会主义建设实际，强化基础教学，注重能力培养，努力探索高等工程教育办学新思路，为新中国高等工程教育创新发展作出重要贡献。

1956年起，受高教部委托，学校多次负责（修订）机械制造工艺与金属切削机床、内燃机、发电及电力系统、高电压工程、工业企业电气化、锅炉制造、涡轮机制造、冷却和压缩机、电机及电器、电气绝缘及电缆技术等十余个专业教学计划（包括草案），并承担了高等数学、普通物理等多门工科基础课程教学大纲的拟订工作。

20世纪60年代学校担任全国教材编审委员会委员一览表

编号	姓名	专业名称	职务
1	陈大燮	热工学	主任
2	张鸿	高等数学	主任
3	周惠久	金属学及热处理车间设备	主任
4	吴之凤	铸造工艺及机器	主任
5	严晙	工业企业电气化及自动化	主任
6	陈学俊	锅炉、蒸汽轮机及燃气轮机	主任
7	庄礼庭	金属压力加工及设备	主任
8	陆振国	蒸汽轮机及燃气轮机	组长
9	来虔	机械原理	组长
10	沈尚贤	工业电子学	组长
11	顾崇衔	机械制造工艺及其设备	副组长
12	王哲生	电器	副组长
13	陆庆乐	高等数学	委员
14	赵富鑫	普通物理	委员
15	施明诚	理论力学	委员
16	江宏俊	水力学	委员
17	张寰镜	画法几何及制图	委员
18	孙成璠	金属工学	委员
19	袁旦庆	电工学	委员
20	黄席椿	无线电技术基础	委员
21	王明德	外语	委员
22	孙启宏	电力网与电力系统	委员
23	张景贤	内燃机	委员
24	乐兑谦	刀具	委员
25	周庆德	铸造工艺及机器	秘书
26	赵静远	金属压力加工	委员
27	俞德刚	金属学及热处理车间设备	委员
28	王小同	金属学及热处理车间设备	秘书
29	钟兆琳	电机	委员
30	刘美荫	电机	委员
31	王季梅	电器	委员
32	周光祺	焊接工艺及设备	委员
33	黄俊	工业企业电气化及自动化	委员
34	楼礼恭	工业企业电气化及自动化	秘书
35	谢关烜	锻压工业及设备	秘书
36	蔡颐年	蒸汽轮机及燃气轮机	委员
37	汪应洛	生产组织	委员

1961年5月受教育部和一机部的委托，学校主持了全国高等工业学校热工学等5门技术基础课和金相等6个专业教材选编会议。在6个专业教材选编会上，共选定79门课程教材，西安交通大学负责编写的教材有43门，占总数54.4%。另由其他高校负责的机切等9个专业教材选编会共选编教材103门，我校被确定选用的教材31门。

四、努力培养一流师资

彭康校长认为一所学校办得好坏，水平高低，对国家贡献大小，很大程度上取决于这所学校的教师队伍。他曾指出，办好一所大学关键是两条：一条是党的领导，一条是教师队伍，有了这两条就可以很好地完成国家给我们的任务。为此，他坚持"一切面向教师"，亲自领导学校师资建设，调研制订师资培养规划，通过全面提升和重点培养相结合，打造了一批一流的师资队伍。

1959年10月学校制定了"西安交通大学培养和提高师资的三年规划"，1962年7月学校通过了"师资培养提高三年规划"。经过几年努力，师资队伍质量水平有了很大提升。1965年学校有教师1224人，其中正、副教授82人，讲师549人；与1957年相比，副教授增长1倍，讲师增长近5倍。

1955年陈大燮教务长（前排右2）、张鸿副教务长（前排右1）主持在助教中选拔主讲教师

1962年11月教育部在武汉召开部分重点高等学校师资培养工作座谈会，"西安交通大学制定师资培养规划的工作"作为重点进行介绍；1963年2月教育部将"西安交通大学关于怎样制定师资培养规划的几点体会（摘要）"转发全国各大区教育部门和直属高等学校。

【校史故事】张鸿副校长与"十二字"育人传统

"起点高、基础厚、要求严、重实践"是学校优良的育人传统，也是交大独特的办学特色。回溯历史，该传统发轫于20世纪初，奠基于20世纪30年代，在1957年全校师生大讨论中得以逐渐明晰。当时，陈石英副校长以"学生质量高、教学要求严和教师能力强"来总结"交大传统"。1962年5月，在"历年来教学经验座谈会"上张鸿副校长提出，老交大的传统是"门槛高、基础厚、要求严、专业浅"。其后，该传统被视为学校育人特色之典型代表，贯彻于人才培养始终。在80年代初，陆定一作《交通大学校史·序》称，交大办学传统和办学特色为"重视招生质量，坚持择优录取；重视基础理论和基本技能；对学生严格要求，严格考核；强调理论联系实际，学以致用。"1986年在交大90年校庆之际，学校即以"起点高、基础厚、要求严、重实践"来表述育人传统，一直传承至今。

起点高，是指"办学水准的起点高"。不论唐文治校长力求"四个一等"，还是彭康校长"多培养几个钱学森"都是此传统的体现；同时又指"选拔人才门槛高"，学校兴办工科之初，每科报名人数逾千人，但录取仅有十人左右，遂有"百里挑一"之誉。

基础厚，是指基础理论厚实，基本训练扎实。在20世纪30年代，高等数学和大学物理被视作"霸王课"，要求学习两年，而其他学校只学一年。共同基础课和技术基础课的课程比重较大，1936年在各工学院占50%。彭康校长始终坚持"学生到学校来是学最基本的东西——基础理论、基本知识和基本技能"。

要求严，是指严谨治学，严格育人。唐文治校长曾为学校立下"功课密、管理严"的六字规矩。彭康校长认为建设社会主义先进大学，必须倡导"三严"——严谨、严格、严密。"要求严"之典范当属钱学森20世纪30年代的一份水力学试卷，在连续推导公式过程中因漏掉一个字符"s"，结果被扣掉了4分，着实可惜，更为可敬。

重实践，是指重视实际技能的训练。唐文治校长以"实心实力求实学，实心实力务实业"为学校定下"实学"之传统。他指出"工程一科，理论与实践相而行者"。在创办实业学科之初，唐文治即擘画系统严格的实习实验制度体系。1911年，他派电机科毕业生赴美各电厂实习，此举后来成为学校人才培养之惯例。50年代，学校学习苏联，重实践传统更为体系化，"认识实习、生产实习、毕业实习"贯通大学生培养的全过程。

【校史故事】彭康校长与"三活跃"

20世纪60年代初，学校有关同志从企业考察中发现，一些毕业生比较呆板，不如清华等学校的学生活跃。这引起了彭康校长的注意，他指示：要认真找出原因，找到对策。1961年5月，在听取团委关于第十届团代会筹备工作情况时，彭校长指出："不要不敢讲话，不敢想问题，造成思想僵化，思想简单。""这次团代会要解决的主要问题，一是学习问题以教学为主，学生学好。""二是使大家心情舒畅，活跃起来，敢讲话，加强团结，把民主生活搞起来。"1961年第十届团代会召开，彭康提出："团结全校青年，努力做到思想活跃、学习活跃、生活活跃，树立认真读书、刻苦钻研的优良学风和发扬独立思考、追求真理的精神,为大力提高教学质量,创造更好的条件。""三活跃"成为学校60年代学生工作的基本指导思想。

"三活跃"的根本要求是坚持解放思想和学术自由,培养"政治坚定、思想活跃、业务较好、身体健康、有创造精神"的科学家、工程师,而非"思想简单,没有创造精神的书呆子"。彭康校长希望全校活跃起来,学生更要活跃,要解放思想,敢想敢干,学有专长,多才多艺,生气勃勃。他要求整个学校的思想氛围、学术氛围、文化氛围都要活跃起来,以有利于创造性人才的培养。他希望创造一个宽松的环境,认真解决课程和课时过多、自学时间少、学生课

1965年彭康校长参加学生体育夏令营

业负担重的问题,使广大学生学得扎实而活泼;他一再讲,"青年人要朝气蓬勃""兴趣要广泛,接触面要广"。为此,他指示校团委设立专门机构指导学生课余活动。他要求图书馆购进更多品种的图书供学生借阅。他说:"要让学生看各种书,思想才不会僵化""大学生要有文化修养"。他希望校园中文艺、体育方面的人才逐渐多起来,"要发现这种人才,在教工中也要发现这种人才,这样才能活跃起来"。彭康校长以身示范,倡导"三活跃"。据师生回忆,彭校长是一个很稳重的人,但兴趣广泛,喜欢文体活动,华尔兹跳得很好,参加师生舞会常至终场。各种全校性体育比赛他都到场观看,从不中途退席,赛后还要同运动员、教练员聊一聊。

"三活跃"是学校办学思想的一个重要突破,为迁校后各方面的发展奠定了良好基础。

五、向科学进军

明确党对科研工作的领导,确立科研为社会主义建设服务的方向,坚持科研、生产和教学相结合的原则,立足高端人才培养,围绕新中国工业化建设部署和科学技术发展规划,加强科研规划与管理,建设国内领先的研究机构,创造了一批国内领先的科研成就与成果。

1958 年中国科学院及陕西分院在校建立八个研究所

时间	名称
1958	中国科学院陕西分院机制工艺研究所
	中国科学院陕西分院金属冶金研究所
	中国科学院陕西分院工业经济及生产组织研究所
	中国科学院陕西分院动力研究所
	中国科学院西安自动化研究所
	中国科学院西安电子学研究所
	中国科学院西安计算技术研究所
	中国科学院原子能研究所

20 世纪 60 年代学校建立的全国性科研基地

名称	隶属
金属材料及强度研究室	教育部
电气绝缘研究室	教育部
工程热物理研究室	教育部
振动测试基点	国家科委

20 世纪 60 年代学校担任国家科委学科组委员

序号	姓名	学科	职务
1	陈大燮	工程热物理	副组长
2	周惠久	机械学	副组长
3	程迺晋	通用机械	副组长
4	陈学俊	动力机械	
5	陆振国	动力机械	
6	严晙	电气传动与自动化	
7	钟兆琳	中小型电机	
8	陈季丹	电工材料	组长
9	沈尚贤	交流设备	
10	刘子玉	电线电缆	
11	刘其昶	输配电设备	
12	王绍先	电气传动与自动化	
13	蒋国雄	输配电设备	
14	蒋大宗	自动化	
15	庄礼庭	机械学	
16	郑守淇	计算技术	
17	钱鸿章	气体分离及液化气体	
18	张直民	润滑化学与物理	
19	向一敏	工程热物理	秘书
20	黄明志	石油机械	
21	唐幕尧	焊接	
22	史维祥	机械学	
23	王其平	高压电器	
24	顾崇衔	机械学	

1956—1966 年学校科研历史上的第一

时间	内容
1958	电机系高压、电器两专业设计制成国内第一台 33 万伏磁吹避雷器
1959	电机系绝缘专业师生设计,与西安高压电瓷厂和电瓷研究所共同试制成功我国第一台 33 万伏高压变压器电瓷式套管
1959	研制成功国内第一台频谱分析仪

续表

时间	内容
1958—1959	于怡元、郑守淇、胡正家等教授参与研制中国第一台大型通用电子计算机（104机）
1959	研制成功我国第一台机械整流倍加加速器
1959	动力系师生试制成功我国第一台双缸式自由活塞燃气发生器
1960	机切专业师生和洛阳轴承研究所协作，试制成功国内第一台向心轴承装球自动机和国内第一条滚珠轴承装配自动线
1964	周惠久教授创立的"多次冲击抗力理论"被列为全国百项重大科研成果，被誉为高校成果博览会"五朵金花"之一
1964	王季梅教授成功研制出我国第一台三相高压真空开关
1965	研制成功填补国内空白的湿式舌簧管

【校史故事】朱城、唐照千与工程力学学科的创建发展

1956年，国家制定"十二年科学技术发展远景"，要求在主要的综合性大学设立力学专业；同时明确在清华大学、交通大学和大连工学院举办工程力学班。受中央委托，1957年交通大学（西安）工程力学专业开始招生，1959年初工程力学专业教研组成立，1962年工程力学第一届学生毕业，工程力学培养出一大批杰出人才，如今入选世界一流学科建设名单。在工程力学学科创建中，朱城、唐照千的名字特别值得铭记。

朱城，我国工程力学专业的重要奠基人。1944年毕业于交通大学机械工程系，1947年赴麻省理工学院求学，师从国际著名的振动学权威邓哈脱，获振动学博士学位。1951年学成归国，出任交通大学材料力学教研室主任。1956年随校西迁，领命主持工程力学新专业筹建重任。国内当时几无成例可参考，苏联虽有类似于工程力学方面的专业，但知识面过于狭窄；西方国家只有部分工程类学科开设有内容深广的力学课程。朱城查阅国外大量相关资料，还广泛征询国内力学界、工程界人士意见，为制订工程力学专业教学计划付出了大量心血。1957年工程力学专业第一届新生入校，当时专业培养目标虽已明确，但整个五年的教学计划、课程设置等尚需具体化。同时，他还承担着编写《材料力学》教材（堪与世界工程力学大师铁木辛柯著《材料力学》相媲美）和振动学讲义的任务。为尽快完成此工作，朱城就把黑板搬到家里，以便周密考虑反复修改。迁校之初，他已患肝炎，身体欠佳，仍废寝忘食地工作，因积劳成疾于1959年春不幸英年早逝，年仅38岁。朱城是西迁殉职的第一位教授。朱城的不幸辞世，使学校力学新专业建设困难重重，以唐照千为代表的一代青年才俊迎头赶上，为把工程力学建成国内一流学科打下深厚基础。

唐照千，1953年毕业于交通大学动力机械系，1956年随校西迁，在机械零件教研室任教。1959年研制成功国内第一台频谱分析仪，1966年主持了国家科委在学校建立的振动测试基点工作，改革开放后创办了国家级学术刊物《应用力学学报》。他长期致力于断裂力学、振动理论和测量技术研究，在国内外刊发40余篇研究论文，其中部分理论达到世界先进水平，曾荣获陕西省科技一等奖。他担任《振动与冲击手册》主编，承担了最难写的两部分编写工作。

唐照千教授(左)与弟子陈惠波(右)

20世纪60年代末，唐照千被错划为"反革命"，身心遭受创伤，后来得到平反。1982年唐照千赴美进修，回国后面对海内外的盛邀，他毫不迟疑地选择了坚守。他说："科学研究和家庭生活二者不可兼得，哪里有条件工作就在哪里！现在回去上海亲友很多，应酬也多，不能集中精力做事。"1983年他赴港访问，与久别的亲人团聚。家人都希望他留下来或继续出国深造，他又一次拒绝，回到西安专心科研。因积劳成疾，1984年不幸去世，时年52岁。去世之前他的双目已失明，但仍坚持通过口述方式，由妻子代笔完成书稿和论文，并坚定地表示："我答应的事情一定要尽快完成！"

朱城教授、唐照千教授赤诚报国、以身示范、严谨治学、矢志创新的精神一直激励着工程力学师生不断奋勇向前。

六、服务国家和西北工业化建设

扎根西北，努力向科学进军，参与了国家第一台计算机研制等一批重大项目；贯彻"教育为无产阶级政治服务、教育与生产劳动相结合"的方针，师生开展教育革命，大办工厂，大搞科研，大力支援地方工农业建设。

20世纪五六十年代学校参加国家大型工程建设一览表

时间	内容
1956—1959年	参与中国第一代计算机103/104机研制任务
1958年起	参与三峡水利工程项目建设科学研究
1959年前后	参与三门峡水利工程建设
1964—1966年	参与国家生产过程自动化试点（兰州化肥厂和兰州炼油厂"炉温串级自动调节系统"）研究

1958年部分教师出席三峡科学会议

1959年水利系师生积极参加省内外水利建设

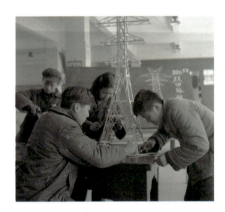

电机系学生在制作220kV双线路铁塔模型

1958年机械系师生帮助延安设计工业区

机械系师生设计西安锅炉厂

机械系师生与轴承厂设计师研究自动线

1959年西安开关整流器厂、西安高压电器研究所给学校电机系的锦旗

1958年11月共青团中央授予学校社会主义建设先进集体称号

迁校西安后,学校在调出采矿、冶金、水利、纺织四系全部师生和图书设备,分别组建西安矿业学院和陕西工业大学的同时,还为陕西工业大学、陕西科技大学、甘肃工业大学、太原工学院等中西部地区新建高校支援了大批教师与管理人员,为西部高等工业教育的建设作出应有贡献。

20世纪五六十年代学校支援西北高等学校建设一览表

时间	内容
1958	为支援西北协作区"二五"计划煤炭工业建设需要,交大调出采矿、地质两系教师50余人(含教授2人)、学生200余人,成立西安矿业学院
1960	交大调出水利系、纺织系全部师生、管理人员以及相关实验、资料财产等,包括14位教授、5位副教授和副校长田鸿宾教授,成立陕西工业大学;另支援教师47人(含教授1人)、行政干部26人,支援厨工20人、普工26人

【校史故事】交通大学与中国第一台电子计算机

1957年12月胡正家(前排右2)在中科院计算所参加104计算机研制任务

1956年国务院颁布《1956—1967年科学技术发展远景规划纲要(修正草案)》(简称"十二年科技规划")和"四项紧急措施"(重点发展"计算机、电子学、半导体和自动化"),计算机研制是重中之重。以中科院计算技术研究所为根据地,中央汇集了全国多家科研单位(包括高等学校)的专家,从仿制苏联的小型计算机(103机)入手,集中攻关研制中国的大型计算机(104机)。

由于计算机专业人才奇缺，会战组当时采取了边干边学的方式，在研制计算机的同时培养一批专业骨干。1956年交通大学派郑守淇去中科院计算所参加计算机的研制准备工作，同时担任培训班的教师。1957年初，学校又派出于怡元、胡正家去中科院计算所工作。于怡元在104机运算器及控制器组工作，同时担任训练班教师。在104机研制分工中，郑守淇任外部设备组组长；胡正家任电源组组长。团队自力更生，艰苦奋斗，全力攻关，1959年研制成功中国第一台大型计算机。

郑守淇，1951年毕业于交通大学电信研究所，研究生学历。1956年起在中科院计算所工作近十年，参与103计算机、104计算机和109乙计算机等研发。后负责在交通大学建立国内最早的计算机专业，1989年研制成功的"面向人工智能语言LISP-M1计算机系统"，达到国际先进水平。

于怡元，1945年毕业于交通大学后留校任教，曾任计算技术教研组主任。

胡正家，1952年毕业于西北工学院，1962年至1965年在苏联杜布纳联合核子研究所计算中心工作，曾在1957年至1959年在中科院计算所工作。参与104机、109乙机研制任务。任研究室组长兼党支部书记。主要从事计算机通信技术研究，1991年完成的"无线移动计算及通信网络"项目达到国际先进水平。

2016年郑守淇教授荣获"中国计算机事业60年杰出贡献特别奖"

【校史故事】王季梅与第一台三相真空开关

真空开关是电力系统中应用最广泛，也是最基础的部件。世界真空开关研究始于20世纪50年代，1965年英国GER公司前身之一的AEI公司研制成功世界第一台真空接触器（3kV/300A）。有相同功效的中国第一台真空开关（6.7kV/500—600A）于1960年已经问世；1964年，中国第一台三相真空开关（10kV/1500A）也宣告研制成功，由此开启了中国的真空电器时代。这两项填补国内空白的研究成果，同出自王季梅教授，他被赞誉为"中国真空电器之父"。

三相真空开关

王季梅，浙江杭州人。1946年毕业于大同大学机电系。1947年任教于交通大学电机系，曾任电机系电器教研室主任，国务院学位委员会第一、二届学科评议组成员，中国电工技术学位第一届低压电器专业委员会主任委员；中国民主同盟盟员。1978年加入中国共产党。

交大西迁之际，王季梅教授任电器实验室主任，负责领导实验室搬迁建设任务。此时他的爱人术后不久，为了完成西迁任务，他请在杭州产科医院工作的岳母辞职，来上海专门照顾爱人和家人，他则全心投入搬迁创业之中。次年，他带领全家老小一同搬到西安。

王季梅教授是高低压电器真空电弧理论研究的奠基者，20世纪50年代始，他自主建立了专门研究真空电弧现象的实验室。1951年研制成功电阻材料氧化技术，1970年研制成功6kV高压限流熔断器，1986年研制国内第一套可拆式真空灭弧室，1988年创建陶瓷外壳铁心结构纵向磁场真空灭弧室等。1989年，王季梅教授推动举办了中国电器行业第一次国际会议——国际电接触、电弧、电器及其应用学术会议。2006年，王季梅教授获"国际真空放电与电绝缘"终身成就奖Dyke Award。

【校史故事】周惠久与"五朵金花"

1965年，全国高教部直属高校科学研究成果与新产品展览会在北京举行，西安交大七项成果参展。由周惠久教授主持的金属宏观强度研究项目中的多次冲击抗力理论，因其能充分发挥金属材料的强度潜力，在减轻机械产品重量、延长寿命和降低成本等方面具有较大的经济意义，获得高度评价和广泛关注，与人工合成胰岛素等项目一同被誉为展览会的"五朵金花"。

周惠久，著名的材料科学家、教育家，中国科学院资深院士，长期从事金属材料、热加工、热处理、材料强度等方面的科研和教育工作。新中国成立前，他曾在交通大学任教两年。1952年他又回到交通大学机械制造系任教授。他主持筹建了我国第一个金属学及热处理专业和第一个铸造专业，组建我国第一个金属材料及强度研究所。由他主编的我国第一本《金属机械性能》教材在国内教育界和工程界产生重大影响。20世纪50年代，周惠久教授针对当时我国引进的苏联机械产品及其设计规范中出现的金属材料冲击韧性偏高、使用强度偏低，

周惠久教授（左1）在实验室

因而造成机械产品粗大笨重且使用寿命不长的问题,提出了小能量多次冲击抗力理论,并经大量工业生产实践证实。与此同时,他和研究团队对低碳马氏体进行深入研究,经过20多年积累,1983年攻克了"低碳马氏体应用基础及开发技术"难题,于1987年获国家科技进步一等奖,国家自然科学三等奖。

为了弘扬周惠久教授的科学精神和教育思想,学校在他九十年华诞之际设立"周惠久院士基金会",并在校园中竖立一尊周惠久半身铜像。

【校史故事】陈季丹与国内第一台33万伏变压器电瓷式套管

1959年1月22日交大校刊刊文"迎新春 献大礼——我国第一台33万伏电瓷式套管研制成功"的消息,举校欢腾。该套管由我校电机绝缘专业师生设计,并与西安高压电瓷厂和电瓷研究所等三单位共同试制成功。

1959年电机系师生制成33万伏电瓷式套管

33万伏电瓷式套管是一项尖端科学技术,其研制成功标志着我国高压电瓷制造工业进入一个新阶段,为我国高压电输送创造了有利条件,为我国农村电气化提供了物质基础。该套管高6公尺,直径1公分,4吨多重,有100多种零件,制造工艺需要卷纸机、大型吊车、真空干燥罐、自动升降工作台、大型瓷套研磨机等机械设备,制造工艺工程十分复杂,在陈季丹教授的带领下,一百名师生经过努力奋斗,圆满完成了这一尖端项目。

陈季丹,安徽肥东人,1928年毕业于交通大学电机系。1930年赴曼彻斯特大学留学,从事液体介质高频损耗测量的研究,1934年获硕士学位。回国后曾任湖南大学、武汉大学等校教授。1953年他放弃了原来熟悉的无线电专业,主持创建了国内第一个电气绝缘与电缆技术专业,首开电介质理论新课,并任专业教研室主任。60年代初,他领导成立了绝缘材料研究室,为国家培养出第一批绝缘材料方面的研究生。他急国家之所急,奋发图强,猛攻尖端,带领师生设计试制成国内第一台33万伏超高压套管和第一根33万伏超高压电容式充油电缆,成绩突出,1960年被推荐出席陕西省和全国文教群英会。

陈季丹教授是我国电介质理论的重要开创者,从事电介质理论的教学与研究工作40余年,为国家培养了大批的电气绝缘专家。及至暮年,他常以"老骥明知夕阳短,不用扬鞭自奋蹄"勉励自己,参加教材编写、审稿以及学术活动。曾合编《电介质物理学》(荣获全国优秀教材一等奖)、《无线电原理》等著作。

坚持三活跃,培养一流人才

认真贯彻"身体好、学习好、工作好"的育人目标,努力建设积极向上、活跃进取的校园文化。1961年在第十届团代会上,彭康校长提出"努力做到思想活跃、学习活跃、生活活跃,树立认真读书、刻苦钻研的优良学风和发扬独立思考、追求真理的精神"。"三活跃"成为学校校园文化建设的主旋律。

摩托车队英姿飒爽

学生跳伞队比赛

航模队训练

击剑练习

纪念"七一"晚会

举重队训练

男子足球队合影

女子体操队训练

话剧团演出话剧《朝阳》

学生合唱团演出

民乐队彩排

学生文工团练习舞蹈

桃李芬芳

1957—1965 年学校本科毕业生概况

时间	毕业生人数
1957	491
1959	717
1960	1334
1961	1766
1962	1133
1963	1357
1964	1525
1965	1456

1956—1966 年学校研究生招生概况

时间	研究生人数
1956	94
1957	45
1958	14（西安）
1959	28
1960	70
1961	52
1962	15
1963	17
1964	21
1965	28
总计	231

西迁教师中的两院院士

序号	姓名	专业方向	出生年份	院士类别（入选时间）
1	周惠久	金属材料、力学性能及热处理	1909	中国科学院院士（1980）
2	陈学俊	热能动力工程	1919	中国科学院院士（1980）
3	涂铭旌	金属材料与热处理	1928	中国工程院院士（1995）
4	汪应洛	管理科学与管理工程	1930	中国工程院院士（2003）
5	姚穆	纺织材料	1930	中国工程院院士（2001）
6	屈梁生	机器质量控制与监控诊断	1931	中国工程院院士（2003）
7	林宗虎	蒸汽工程	1933	中国工程院院士（1995）
8	谢友柏	机械学设计及理论摩擦学	1933	中国工程院院士（1994）
9	李佩成	农业水土工程及水资源与环境	1934	中国工程院院士（2003）
10	姚熹	材料科学	1935	中国科学院院士（1991）

西迁第一个十年培养的杰出人才（院士）

序号	姓名	专业方向	毕业时间	院士类别（入选时间）
1	王锡凡	发电厂电力网及电力系统	1957	中国科学院院士（2009）
2	李鹤林	金属材料及热处理	1961	中国工程院院士（1997）
3	陈国良	计算机	1961	中国科学院院士（2003）
4	叶尚福	无线电技术	1961	中国工程院院士（1995）
5	刘友梅	电力机车	1961	中国工程院院士（1999）
6	陶文铨	锅炉	1962	中国科学院院士（2005）
7	雷清泉	电气绝缘与电缆技术	1962	中国工程院院士（2003）
8	苏君红	无线电技术	1963	中国工程院院士（1994）
9	熊有伦	机切	1962	中国科学院院士（1995）
10	孙九林	发电厂电力网及电力系统	1964	中国工程院院士（2001）
11	邱爱慈	高电压技术	1964	中国工程院院士（1999）
12	陈桂林	计算机	1967	中国科学院院士（2001）
13	程时杰	发电厂电力网及电力系统	1967	中国科学院院士（2007）
14	李伯虎	工业企业电气自动化	1958（转至清华）	中国工程院院士（2001）

七、如磐岁月砥砺前行

1966年至1976年，学校发展陷入停滞，教学科研工作遭遇空前破坏。广大教工忍辱负重，坚守本职，默默耕耘，保证1966年前入学的五届大学生基本完成学业；应国防战备之需，从1969年开展科研攻关，有多项成果填补国内空白；坚持"教学、科研和生产劳动"三结合的方针，开办多种形式的试点培训班，1972年开始招收工农兵学员。

林茵如，1938年加入中国共产党。曾任陕西省财贸部副部长、部长，省人民委员会常务副省长兼秘书长、省人大常委会副主任。1973年任西安交通大学党委书记、革委会主任。

党委书记林茵如

人才培养

1970年前后，教学工作逐渐恢复。根据"典型任务"，通过"教学、科研和生产劳动"三结合的方式培养人才，学校举办了多种形式的试点班，基本完成了1966年前入学学生的培养工作。1972年，开始招收工农兵学员，至恢复高考，共招收了五届。

印刷厂赶印教材迎接学员入学

1971年避雷器训练班合影

1972年第一届工农兵学员开学典礼　　　　　　1975年电机系发电专业进修班毕业合影

科学研究

1969年9月,应国防建设发展急需,被迫中断的科研工作逐渐恢复。广大师生身处逆境,团结奋进,共完成科研项目近百项,其中多项达到国际先进水平,为国防工业建设和国民经济发展作出重要贡献。

1969—1973年学校的科研活动

时间	数目	科研项目名称	显著成果
1969	9	低空目标测试雷达;30K制冷机;封闭循环制氧机;可控硅整流器;任意位置湿簧管继电器;晶体管计算机;水下自航模型遥控遥测;7708和7709工程等	30K制冷机是我国第一颗人造卫星通信站雷达系统关键部件,技术工艺达国际领先水平
1970	13	微模组件;可控硅元件;射流元件;磁簧管修复;舌簧继电器;发电厂汽轮机出力提高;延安701型晶体管电子计算机	西北第一台自制晶体管电子计算机
1971	42	彩电中心设备;铸铁压缩机;石油钻井"轻型吊卡"	周惠久率队完成王进喜提出的"减轻石油钻井用吊卡重量课题",制成吊卡重量仅有58kg,远远领先国际水平
1973	55	30万吨合成氨透平压缩机;330kW及超高压输变电设备及其保护装置;200kW单边带短波通信机;液态金属钠热工实验回路	30万吨合成氨透平压缩机

【校史故事】交大与中国第一颗人造卫星

1970年4月24日,中国成功发射第一颗人造卫星,中国成为世界上第五个成功发射卫星的国家。在卫星发射背后,有一批普通的交大人的努力。

1968年4月,国防科委派人来到学校,提出研制一台微型低温制冷机的任务,用来冷却重要器件的敏感元件。其为国防工业的急需产品。来人明确表示,此项任务要求高、难度大、时间紧,意义重大,希望西安交大师生能够迎难而上、勇挑重任。此项工作的关键是,制冷机的低温参数需达到30K(-243℃)的水平,世界上较为先进的美国通用版本参数只有77K(-196℃),难度可想而知。

学校师生接受任务后,正式成立代号为"902"的课题组,开始大量查阅苏联的可参考资料,并对我国所掌握的77K微型低温制冷机的恢复试验材料进行充分研究。在此基础上开始选型、选参数,进行图纸设计,尝试加工。为此,课题组将实验室搬去校内工厂(时称科教厂)旁。机切师傅们以高超的技艺,实现了制冷机关键零件——膨胀气缸和膨胀活塞的生产任务,并使其壁厚和精度达到了美国通用水平。在零件连接工艺中又攻克了活塞铜头气缸与不锈钢薄壁相连接的世界难题。

1969年初,图纸上的制冷机完成了生产装配,可以投入试验运行。为了保质保量地完成任务,课题组成员几人一组,日夜不停地连轴运转,经过上百次的试验改进,1969年暑期初步完成了校内试验任务,并提交国防科委审验。经过测试,我校自主研发的微型低温制冷机的制冷温度已达到要求,但尚不稳定,需进一步改进。

1969年冬,课题组负责人带着经过反复调试后的制冷机来到青城山下。在一间操作室内,他们开始"真刀真枪"地将制冷机与一些大型器件相连接,进行运转测试。不久,国防科委出具任务完成书,表示制冷机在温度、冷量、长期运转等方面均达到要求,给予电话嘉奖。1970月4月24日,中国第一颗人造卫星升天后,国防科委第二次电话嘉奖,明确表示我校研制的低温制冷机是用于冷却卫星通信战略雷达敏感元件。

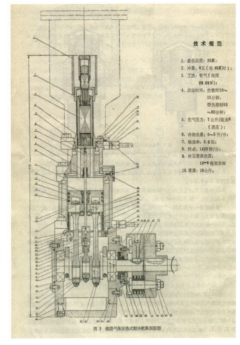

1969年学校师生研制成功30K制冷机

第八章 改革开放星耀西部（1978—2000）

中共十一届三中全会确定了"解放思想，实事求是，团结一致向前看"的指导方针，确立了马克思主义的思想、政治和组织路线，我国进入了新的发展时期。在党委的领导下，学校认真贯彻落实党的路线、方针、政策，快速恢复正常的教学、科研、管理秩序。学校以创建世界知名高水平大学为目标，坚持"教育要面向现代化、面向世界、面向未来"方针，以学科建设为龙头，以提升教学质量为中心，立足人才培养与科学研究，全面深化综合管理体制与育人机制改革，成立研究生院，实施校院系三级管理；率先实施"一门进、五门出"浮动学制，按大类招生培养人才；重点推动专业结构调整，创办了生物医学工程、企业管理等一批新兴专业，形成了"理工管文"相结合的办学新局面；学校相继入选国家"七五""八五"重点项目，"211工程"和"985工程"建设项目，综合实力位居全国前列。

一、改革开放焕生机

办学人物

党委书记

刘若曾
1977年6月—1979年6月在任

苏庄
1979年7月—1982年9月在任

陈明焰
1982年9月—1985年1月在任

潘季
1985年1月—1997年1月在任

王文生
1997年1月—2003年8月在任

校 长

陈吾愚
1978年5月—1982年7月在任

庄礼庭（代理校长）
1982年7月—1984年3月在任

史维祥
1984年3月—1990年9月在任

蒋德明
1990年9月—1998年1月在任

徐通模
1998年1月—2003年8月在任

加强党的建设

党的十一届三中全会决定把全党工作的重点转移到社会主义现代化建设上来,我国从此进入改革开放和社会主义现代化建设新时期。学校坚持和加强党的领导,坚持社会主义办学方向,实行党委领导下的校长负责制,团结和带领师生员工,锐意进取,深化改革,各项事业进入发展快车道。1995年学校荣获国家教委授予的"文明校园"称号。

1979—1996年学校历次党代会一览

时间	党代会名称	主题
1979年3月	中共西安交通大学第六次代表大会	贯彻十一届三中全会精神,把我校党的工作重点转移到教学和科研方面来,尽快把我校建成教育科研两个中心。为把我校建成具有现代先进水平的社会主义理工科大学而奋斗
1984年12月	中共西安交通大学第七次代表大会	锐意改革,拓宽专业面,实行浮动学制,打破僵化模式,培养出高质量人才,把我校办成具有世界先进水平的社会主义大学
1992年3月	中共西安交通大学第八次代表大会	加强党的领导,坚持社会主义办学方向,深化改革,为实现我校《十年规划和"八五"计划纲要》而奋斗,以优异成绩迎接建校100周年
1996年12月	中共西安交通大学第九次代表大会	继往开来,全面提高学校的综合办学实力,建设世界一流学术水平的社会主义大学

1979年中共西安交通大学第六次代表大会召开

1979年老教师畅谈学习十一届三中全会文件的体会

1986年部分中共交大地下党员在腾飞广场留影

1996年学校党委荣获"全国先进基层党组织"称号

学校获评"党的建设和思想政治工作(1993—1998)先进高等学校"

秩序全面恢复

1977年12月全国恢复高等学校统一招生考试，1978年2月学校面向全国统一考试录取的1977级1394名新生入学。本科生学制由五年改为四年；整顿教学秩序，调整组织机构；传承优良传统，优化专业结构，提升基础理论教学，严格教学管理，加强教材编写工作；着力推动科学研究和研究生培养等工作，教育教学秩序步入正轨，各项事业焕发生机。

1978年学校召开第一次学术委员会议

1978年物理教研室教师研讨全国通用教材编写

1978年七七级新生开学典礼

1978年七七级新生在上课

1978年高等数学教研室集体备课

1985年学校新一届党政领导班子合影

二、入选国家重点建设行列

列入"七五""八五"重点建设项目

1959年学校定名西安交通大学伊始,即被确定为国家重点建设高校。1978年国务院发文恢复了学校的全国重点大学地位。1984年4月2日,国务院批复同意教育部、国家计委将西安交通大学等10所高等院校列入国家重点建设项目的请示报告。1985年始学校相继入选"七五""八五"国家重点建设项目。通过重点建设,学校教学、科研和生活等基础设施条件得到了较大改善,综合实力位居全国高校前列;学科发展日益完善,形成了以工科为主,兼有理科、管理学科和人文学科的多科性大学,成为国家重要的人才培养基地和科学研究基地,为学校在21世纪初创建世界知名高水平大学打下了良好基础。

1984年4月学校被列入国家重点建设项目

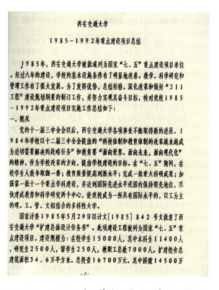

1985—1992年学校重点建设项目总结

1982年11月世界银行贷款大学发展项目外国专家来校考察

1989年9月建成的新图书馆

首批进入"211工程""985工程"

"211工程"是新中国成立以来由国家立项,在高等教育领域进行的规模最大、层次最高的重点建设工程,是实施"科教兴国"战略的重大举措。1994年12月,学校第五届教代会通过《西安交通大学"211工程"整体建设规划报告》。1995年1月,国家教委组织专家组对西安交通大学申请进入"211工程"进行部门预审,认为"西安交通大学是我国培养高层次人才和科学研究的重要基地之一,已成为我国一所基础坚实、师资力量雄厚、教育质量和办学水平较高、居于国内一流水平并有较大国际影响的社会主义大学"。1995年12月,西安交通大学与北京大学等7所大学一起,首批列入国家"211工程"建设项目。1996年初"211工程"建设启动。

1999年,国务院批转教育部《面向21世纪教育振兴行动计划》,"985工程"正式启动建设。"985工程"一期建设率先在北京大学和清华大学开始实施,随后,西安交通大学与中国科学技术大学等7所高校一起列入"985工程"重点建设高校。1999年9月11日,教育部、陕西省人民政府签署重点共建西安交通大学协议书。

1995年学校顺利通过国家教委"211工程"部门预审,首批进入国家"211工程"建设项目

三、深化管理体制改革

成立全国最早的管理学院

1984年12月，经教育部同意，学校恢复成立管理学院，是改革开放后全国最早建立的管理学院，其下设管理工程系、经济管理系和人口与经济研究所，由汪应洛副校长兼任院长。同年，获批管理工程学科博士点，1988年获批国家重点学科。1993年，经国务院学位委员会批准，在全国率先设立工商管理硕士点（MBA）。2001年国家组织"管理学"学科门类评估，学校管理学院高居第一。

1996年陕西、西安交大工商管理硕士（MBA）学院成立大会

1984年9月教育部批复同意成立管理学院

2011年管理学院获得AACSB国际商学院认证

2016年管理学院获得QS Stars五星级国际商学院认证（中国首家）

【校史故事】汪应洛与管理学院

20世纪70年代中后期，钱学森在科学院学部大会上建言：现在世界潮流应重视管理的发展，科学院应设立管理学部。国务院学位委员会接受了钱老的建议，决定在学位教育中增加管理学科。1980年6月，学校正式建立管理工程专业，成立管理工程教研室和系统分析教研室，次年招收本科生和研究生。在当时，管理工程专业被视作自然学科，属理工科性质，其目标是培养既掌握管理科学和现代化科学技术手段，又懂经济的高级管理工程人才。

1981年5月，学校管理工程系成立，下设经营管理、系统方法、系统分析和管理工程四个教研室，是教育部直属高校中恢复最早的管理系科，汪应洛任首任系主任。同年9月4日，管理工程系首届本科生开学。1983年5月，在教育部领导下，学校积极拓展国际资源，与加拿大阿尔伯塔大学签订合作协议，进行管理学教育学术交流和联合培养管理专业研究

汪应洛（前排右2）与钱学森（前排右3）等系统工程科学家合影

生。后来成立了"中—加联合培养博士生（西安）中心"，为学校管理学科的快速发展准备了重要基础。

汪应洛，中国工程院院士，著名的管理工程学家、教育家，中国系统管理学科奠基人，工业工程学科创始人。1949年考入交通大学工业管理工程系，1955年研究生毕业后回校任教，1957年随校西迁，扎根西北60余年，以"治国之道"从事管理学研究与教育事业，为我国管理工程、系统工程和工业工程学科的发展、融合作出系统性、开创性贡献，其理论与方法综合应用于我国工程管理和社会经济发展等重大课题，取得了十分突出的成效。汪应洛曾获第一届"系统科学与系统工程终身成就奖"、"复旦管理学终身成就奖"、中国工程院"光华科技工程奖"等。

实施校院系三级组织管理新模式

为更好贯彻"教育要面向现代化、面向世界、面向未来"的方针，适应"211工程"重点建设要求和市场经济发展的需要，推动学校教学与科学研究向更高层次和目标发展，提高教学质量和学术水平，1993年学校党委决定建立"校、院、系"三级组织管理体制，施行系办专业、院管教学和科研的管理模式。1994年，学校建成电气、机械、材料、能动、电信、化工、建工、管理、理学、人文十个学院，一个科学与工程研究院和体育部。新体制的实施，充分发挥了院、系办学的积极性，增强了学校面向社会自主办学的能力，提高了管理水平与办学效益。

1993年10月电气工程学院成立　　　　　1994年6月举行"五院一部"成立大会

四、全面改革教学提升人才质量

本科教学改革

1985年5月，根据《中共中央关于教育体制改革的决定》精神，学校提出了"西安交通大学本科教学改革的几项措施"。通过试行"学年学分制""主讲教师选聘制和教学奖励制度"，举办"教学改革试点班"，设立"教学优秀奖、教学改革奖和优秀教材奖"，推行"招生和毕业生分配相结合"等一系列改革措施，学校拓宽了专业面，增强了新时期教学计划灵活性和实践能力培养力度，充分调动了学生的主动性和积极性。

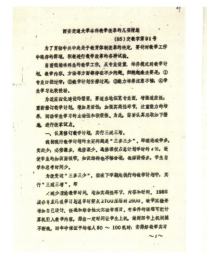

1985年提出实行"三增三减"、浮动学制、学分制三大本科教学改革措施

1985年9月举行教改班、免试本科生入学仪式　　1995年部分学院实行按院（系）招生按大类培养的试点工作

学校参加"国家教委直属高等工业学校教育研究协作小组"，并出任第二届组长单位，带领深化总结我国高等工程教育办学经验，并借鉴国外高等教育有益成果，为国家高等教育的宏观决策提供了重要参考。

1984年举行第三次全国高等工程教育专题研究会

【校史故事】"一门进、五门出"打破铁饭碗

"因材施教，加强教学管理"是改革开放后党中央提出的一项重要教育改革方针，方针公布后全国各高等学校都在积极探索教育改革的新路径。为贯彻因材施教方针，鼓励竞争，充分调动学生学习的积极性，学校决定从1985级学生开始，本科生施行"一门进、五门出"的浮动学制。"一门进"即高考统一录取，"五门出"为以下五个方面：①对每届学生中1%~2%的优异生，指定导师，另订教学计划，使他们经五年左右时间达到硕士生水平；②对每届学生中5%左右的优秀生，四年毕业后，推荐入研究生院学习；③对大多数本科合格生，四年毕业后让其中的三好生优先选择分配单位；④对一些本科中的较差生，经三年学习后，按大学专科水平毕业；⑤对少数本科中的差生实行退学处理。

上述五层次中的前四个层次的学生可互相流动，流动趋向取决于学生本人的努力程度。

"一门进、五门出"的浮动学制管理办法，通过引入适当的竞争机制，不仅大面积提高了本科生教学质量，同时还限制和分化了部分不努力学习的学生，打破了学生中长期存在的"一进校门就得到了'铁饭碗'"和部分学生"六十分万岁"的"大锅饭"思想，利于分层次培养，使各类人才各得其所。此举深得广大学生的拥护，他们曾贴出一副对联表达自己的看法，上联是"你我他同进一门日见分晓"，下联是"优良次各行其道互不干扰"，横批为"五门出好"。

1985年5月25日《光明日报》还专门以"西安交通大学教学改革，试行'一门进、五门出'。优异生、优秀生、一般本科生、专科生、淘汰生各行其道；优异生三年毕业，考试进入研究生院，可提前一年至一年半获硕士学位"为题进行了专门宣传报道。

【校史故事】早慧人才的摇篮——少年班

1984年8月16日，邓小平同志在会见丁肇中教授时谈道："少年班很见效，也是破格提拔，其他几个大学都应办少年班，不知办了没有。至少北大、清华、交大、复旦应办一点少年班。"根据邓小平同志谈话精神，结合实际情况，西安交通大学决定自1985年起试办"工科少年班"。当时全国共有13所高校开办少年班，时至今日，仅有我校和中科大两家。

1985年学校少年班正式开班，共招收15周岁以下成绩优秀或智力超群、身体健康的学生30人，在校期间通过必要的淘汰和筛选进行培养，合格的进入教改班，加快成才。达不到培养要求的，自由选择专业，按本科生培养。

如今，西安交大少年班创办已30余年，事实证明，这是培养拔尖人才行之有效的方式。有研究表明，平均每1000名在校大学生中未来可出现1名教授，截至2020年学校少年班走出的1359名学生中，有20多人在世界一流大学担任教授和终身教授，80%以上人员取得了硕士和博士学位，活跃于国内外科研机构和经济、文化等领域。其中佼佼者，如2008年获美国青年科学家总统奖的陈曦，美国发明家科学院院士黄俊，MIT全球前35位未满35岁科技创新人才郑海涛，阿里云首席安全科学家吴翰清，福布斯杂志前30位30岁以下最有影响力科技精英陈溪，《人民日报》称赞"22岁的机电专家"付春钢等。

首届少年班部分师生合影

1985—1999 年少年班学生招生人数统计

时间	总人数	时间	总人数
1985	30	1993	30
1986	4	1994	25
1987	15	1995	29
1988	21	1996	30
1989	27	1997	27
1990	29	1998	29
1991	30	1999	28
1992	25	合计	379

全国首次本科教学评估获得"优秀"

1994年，为了更好地检验教学改革实践的效果，接受国家与社会对学校教学工作的监督和指导，学校向国家教委正式提出进行本科教学评估的申请，并报送了"西安交通大学申请教学工作优秀学校评估自评报告"。1995年初，国家教委确定学校为全国第一批本科教学工作优秀学校评价的试点单位。

1995年12月，国家教委本科教学工作优秀学校评价专家组来到学校，共安排了18个单元，从"听、看、查、测、议"5个角

1995年12月学校作为首家试点高校以优异成绩通过国家教委本科教学工作评估

度，对本科教学工作进行认真考察和评价。专家组共听课25门，召开座谈会7次，走访了与教学有关的部、处和5个学院，审阅了有关资料，视察了34个实验室及图书馆、档案馆、实习工厂、学生宿舍、食堂和教室，观看了学生计算机竞赛和纪念"一二·九"文艺演出，抽检了部分课程和教学实践环节的教学质量，调阅了本、硕、博学生毕业设计（论文）150份，随机从能动学院、机械学院、化工学院的三年级学生中抽取30名学生进行高等数学、大学物理和工科理论力学课程考试，从工科和文科各抽10名学生进行英语考试。另外，还发出并收回各科调查问卷860份（其中学生582份，教师278份）。

专家组经过认真考察，对学校本科教学和教学改革工作给予了高度评价。专家组一致认为：西安交通大学是"一所基础坚实、师资力量雄厚、教学质量和办学水平较高、居于

国内一流水平并有较大国际影响的社会主义大学,为国家的建设和西北地区的发展作出了重要贡献"。1996年3月,国家教委高教司[1996]26号"关于公布西安交通大学本科教学工作评价结果的通知"中公布:西安交通大学的本科教学工作"评价结果为优秀"。

入选全国首批研究生院

1978年学校恢复研究生招生工作,1981年招收首批7名博士研究生。1984年8月,学校入选教育部22所试办研究生院高校。经过多年努力,学校的博士、硕士授予学科与专业不断增加,招生人数逐年扩大,研究生教育的管理水平和教育质量不断提高。1984年,美国研究生院院长代表团参观完学校后,评价道:"西安交大的这些条件都已达到西方先进国家的水平,完全有可能培养出第一流的博士、硕士。""你们硕士的质量是符合国际标准的。"1995年国家教委组织对全国33个研究生院进行首次评估,学校研究生院名列全国第五位,在7所理工科大学中居第二位,仅次于清华大学。1996年国家教委批准学校入选全国10所正式建立的研究生院大学名单。

1996年学校获批正式建立研究生院,为全国高校10所研究生院之一

20世纪八九十年代,学校研究生教育进行了一系列具有开创性意义的改革工作。1984年,学校与清华大学联合倡议培养工程类硕士,推动了国家工程硕士专业学位制度的正式建立。1985年,学校提出按照二级学科建立硕士学位课程的系统构想,获国家级优秀教学成果一等奖。1987年学校首批试点在职人员以同等学力申请学位制度。1987年开始与加拿大高校联合培养管理工程博士与硕士生,并试办MBA专业学位,培养复合型、实用型、外向型管理人才。1992年,学校提出按照一级学科招收培养博士生构想,为我国学位授予权的改革及专业目录的修订提供了依据。1985年11月全国博士后科研流动站管理协调委员会确定,北京大学等73所高等院校、科研机构首批试办102个博士后科研流动站,我校"机械设计与制造"和"金属材料"入选。至1999年,学校共获批博士后流动站11个。

改革开放后首届研究生毕业留影

1984 年研究生院成立大会

1981 年学校首批博士点和博士生导师

博士点	博士生导师
固体力学	唐照千
机械制造	乐兑谦、顾崇衔
液压传动及气动	阳含和
金属材料强度及热处理	周惠久
工程热物理	杨世铭
热能工程	陈学俊
流体机械及流体动力工程	苗永淼
电器	王其平、王季梅
电力系统及其自动化	孙启宏
电工绝缘技术	刘子玉、刘耀南、陈季丹
电磁场与微波技术	黄席椿
自动控制	沈尚贤
系统工程	胡保生

1982 年校领导与首批博士生导师合影

学校首批国家重点学科

[国家教育委员会一九八八年七月二十二日（88）教研字 014 号文批准]

序号	学科	序号	学科
1	固体力学	7	电器
2	机械制造	8	电工材料及绝缘技术
3	生物医学仪器及工程	9	电子材料与元件
4	金属材料及热处理	10	系统工程
5	热能工程	11	工业管理工程
6	流体机械及流体动力工程		

1985年5月学校首届博士学位授予典礼

1986年9月蒋德明副校长（左）会见第一位博士后方宗德（右）

学校担任国务院学位委员会学科评议组成员一览表（1981—1996）

时间	成员	人数
第一届 （1981年）	周惠久、陈学俊、黄席椿、顾崇衔、王季梅、刘子玉、苗永淼、唐照千、胡保生	9
第二届 （1985年）	游兆永、史维祥、蒋大宗、涂铭旌、陈学俊、苗永淼、王季梅、刘子玉、姚熹、胡保生、汪应洛	11
第三届 （1992年）	谢友柏、史维祥、郑崇勋、顾海澄、蒋德明、苗永淼、徐传骧、姚熹、胡保生、汪应洛	10
第四届 （1996年）	谢友柏、史维祥、郑崇勋、金志浩、蒋德明、谢恒堃、姚熹、殷勤业、郑南宁、汪应洛、席西民	11

优秀教学成果全国领先

1989—1997年学校教学成果屡屡获奖，其中国家级28项、省级113项。在1989年全国首届教学优秀奖评选中，学校获特等奖2项，优秀奖8项，获奖数位居全国高校之首。

1989—1997年学校获国家级教学成果奖一览表

时间	等级	获奖名称	项目完成人
1989	特等	锐意改革全力提高本科生与研究生热工课程的教学质量	陶文铨、吴沛宜、王启杰、罗勤
	特等	对运用德育电教加强思想政治教育的探索	任祖杨、龚兰芬、杨光、李荣科、陈静宜、徐乃杰

续表

时间	等级	获奖名称	项目完成人
1989	优等	材料力学教学改革和课程建设	张镇生、闵行、蔡怀崇、武广号、马晓士
	优等	电子学课程十年改革	沈尚贤、叶德璇、张锡庚、王忠民、王志宏
	优等	高等数学课程教学与改革	马知恩、龚冬保、杨泽高、钱昌本、徐文雄
	优等	计算机辅助教学的研究与应用	刘甘娜、王瑞禹、严子敏
	优等	计算机绘图辅助设计及辅助教学	卢振荣、朱燕萍、张建民、李承绪、陈舜同
	优等	工科大学英语的教学与改革	王监龙、葛元璋、周淼冬
	优等	教学管理系统运行机制的建立与实践	李能贵、张发荣、杨基民、汤培其、黄翠妍
1993	一等	工科"高等数学"试题库系统	马知恩、汪国强、王式安、曹助我、陆丽娜
	一等	硕士学位课程的建设与管理	张文修、姚天祥、蒋德明、林贤玖、王建
	二等	教学管理信息的收集、分析与利用	李能贵、严子敏、高春娟、张萍、梁亦欣
	二等	"机械零件"直观教学基地建立	芈振南、郭邦兴、李质芳、赵稳年、蔡书平
	二等	开展中外联合办学，促进研究生教育发展	汪应洛、李怀祖、杨金丽
	二等	增强设计能力的培养，全面提高教学质量——"机械原理"课程改革和建设	曹龙华、姜琪、陈奉献、徐曾荫、赵卫军
	二等	贴近实际，讲求实效——全力提高"中国社会主义建设"课程教学质量	卢烈英、冯世新、张文科、李国平、陆三育
	二等	"电路""电磁场"课程的改革与建设	江慰德、钱秀英、刘崇新、周佩白、江家麟
1997	一等	高等学校试题库通用软件系统的研制与推广	汪国强、冯博琴等
	一等	计算机基础教育改革的研究与实践	冯博琴、刘路放、赵仲孟、顾刚、刘志强
	二等	"理论力学"课程的教学改革与实践	周纪卿、任宝生、张克猛、张义忠、韩省亮
	二等	机械制造工艺学（教材）	顾崇衔
	二等	电力电子变流技术（教材）	黄俊、王兆安
	二等	"工程及计算机图学"系列课程的改革和建设	卢振荣、郑镁、罗爱玲、郅钢锁、路向明
	二等	"大规模集成电路"系列课程建设	邵志标、杜梅、陈贵灿、朱秉生
	一等	加强和促进陕西省普通高校计算机基础教育课程建设的研究——计算机等级考试的探索和实践	冯博琴、王肇荣、罗昌隆、陈俭、陈康
	一等	面向21世纪的工科数学课程内容体系改革的研究与实践	马知恩、王绵森、武忠祥、常争鸣、魏战线
	二等	"材料力学"课程体系、内容和教学方法改革	蔡崇怀、赵挺、武广号、侯得门、孔昭月
	二等	拓宽博士生专业面，加强博士生创造能力的培养	张文修、陈钟顾、凌永祥、杨光轸、刘兰珍

1989年C9高校荣获国家级优秀教学成果奖数量

获奖高校	西安交通大学	清华大学	北京大学	南京大学	复旦大学	上海交通大学	哈尔滨工业大学	浙江大学	中国科学技术大学
特等奖	2	2	2	2	1	1	1		
优秀奖	7	5	4	5	3	2	2	4	1

1993年C9高校荣获国家级优秀教学成果奖数量

获奖高校	西安交通大学	清华大学	北京大学	南京大学	复旦大学	上海交通大学	哈尔滨工业大学	浙江大学	中国科学技术大学
特等奖		1							
一等奖	2	2	3	1	1	3		1	
二等奖	6	5	5	6	5	1	2	1	1

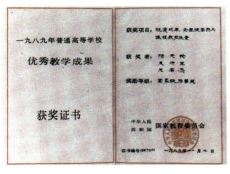

1989年陶文铨等荣获国家级教学成果奖特等奖

1993年张文修等荣获国家级教学成果奖一等奖

教材编写成绩凸显

学校历来重视教材编写工作,将其视作提高教学质量的一项重要措施。

1986年学校参加全国教材编审委员会全体委员合影

学校获评国家级优秀教材一览表（第一、二届）

序号	等级	教材名称	编者	获奖时间
1	优秀	工程数学——复变函数	陆庆乐、唐象礼、王绵森	1987
2	优秀	电路（上、下）（修订本）	邱关源、范丽娟、江慰德、刘国柱、刘正兴	1987
3	优秀	传热学	杨世铭、陈钟顺、王启杰、林梓硕、陶文铨	1987
4	优秀	半导体物理	刘恩科、朱秉升、兀润民、罗晋生、屠善洁	1987
5	优秀	机械制造工艺学	顾崇衍、陈人亨、袁家骧、褚家麟、林志航、史逸芬、唐撷茹、黄协清	1987
6	优秀	半导体变流技术	黄俊、朱仁初、葛文运、王溥仁、伍恩华	1987
7	优秀	电气绝缘结构设计原理（上）	刘子玉	1987
8	特等	半导体物理学	刘恩科、朱秉升、罗晋生 等	1992
9	优秀	蒸汽轮机	蔡颐年	1992
10	优秀	金属塑性成形原理	汪大年	1992
11	优秀	电气理论基础	尚振球	1992
12	优秀	工程优化的算法与分析	张可村	1992
13	优秀	理论力学（上、下册）（第二版）	南京工学院、西安交通大学	1992
14	优秀	非线性连续介质力学基础	匡震邦	1992

20世纪80年代学校在全国专业教学委员会和教材编审委员会主要任职一览表

序号	姓名	部属	编委会或编审小组名称	担任职务
1	汪应洛	教委	管理工程类专业教学指导委员会 管理工程类专业教材委员会	主任委员
2	胡正家	教委	工科计算机基础课程教学指导委员会	主任委员
3	马知恩	教委	工科数学课程教学指导委员会	主任委员
4	陆庆乐	教委	工科数学课程教学指导委员会	主任委员
5	陶钟	机械委	机械制造工艺与设备专业教学指导委员会	主任委员
6	涂铭旌	机械委	金属材料与热处理专业教学指导委员会	主任委员
7	蒋德明	机械委	内燃机专业教学指导委员会	主任委员
8	沈尚贤	教委	工科电工教材编审委员会	主任委员
9	史维祥	机械委	流体传动与控制专业教学指导委员会	主任委员
10	许晋源	机械委	热能工程（锅炉）专业教学指导委员会	主任委员
11	程迺晋	机械委	压缩机、低温技术专业教学指导委员会	主任委员
12	刘子玉	机械委	电气绝缘与电缆专业教学指导委员会	主任委员
13	王其平	机械委	电器专业教学指导委员会	主任委员
14	屠善洁	电子部	电子材料与固体器件教材编审委员会	主任委员

续表

序号	姓名	部属	编委会或编审小组名称	担任职务
15	向一敏	机械委	热力涡轮机专业教学指导委员会	副主任委员
16	胡正家	电子部	计算机与自动控制教材编审委员会	副主任委员
17	胡保生	电子部	自动控制教材编审委员会	副主任委员
18	严璋	能源部	电力工程类专业教学委员会	副主任委员
19	贾斗南	核工部	核反应堆工程专业教材编审委员会	副主任委员
20	吴百诗	教委	工科物理学课程教学指导委员会	副主任委员
21	来虖	教委	工科机械基础课程教学指导委员会	副主任委员
22	冯慈璋	教委	工科电工课程教学指导委员会	副主任委员
23	赵富鑫	教委	工科物理学教材编审委员会	副主任委员
24	杨世铭	教委	工科热工教材编审委员会	副主任委员
25	嵇醒	教委	工程力学专业教材委员会	副主任委员
26	程敬之	教委	生物医学工程与仪器专业教材委员会	副主任委员
27	游兆永	教委	应用数学专业教材委员会	副主任委员

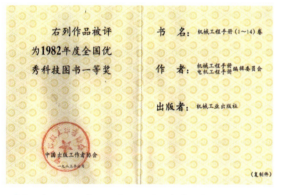

《机械工程手册（1~14）卷》荣获 1982 年度全国优秀科技图书一等奖

20 世纪八九十年代学校出版的部分教材

1978—1999 年培养的杰出人才（院士）

序号	姓名	专业方向	毕业时间	院士类别（入选时间）
1	蒋庄德	机械制造	1977	中国工程院院士（2013）
2	钱德沛	计算机	1977	中国科学院院士（2021）
3	孙才新	高电压技术（硕）	1979	中国工程院院士（2003）
4	郑南宁	自动化（硕）	1981	中国工程院院士（1999）
5	梁平	计算机	1982	美国发明家科学院院士（2013）

续表

序号	姓名	专业方向	毕业时间	院士类别（入选时间）
6	姜晶	工业企业自动化	1982	加拿大工程院院士（2010）
7	高华健	应用力学	1982	美国三院院士（2012，2018，2019） 中国科学院外籍院士（2015）
8	刘奕路	高电压技术	1982	美国工程院院士（2016）
9	郭烈锦	锅炉	1983	中国科学院院士（2017） 世界科学院院士（2020）
10	胡晓棉	物理	1983	中国工程院院士（2021）
11	谭铁牛	无线电技术	1984	中国科学院院士（2013） 英国皇家工程院外籍院士（2014） 发展中国家科学院院士（2014）
12	成利	应用力学	1984	加拿大工程院院士（2021）
13	江松	计算数学（硕）	1984	中国科学院院士（2015）
14	锁志刚	力学	1985	美国两院院士（2008，2019）
15	何雅玲	工程热物理	1985	中国科学院院士（2015）
16	吴宜灿	核工程	1985	中国科学院院士（2019）
17	陈掌星	计算数学（硕）	1986	加拿大工程院院士（2017） 加拿大皇家科学院院士（2020） 中国工程院外籍院士（2021）
18	王华明	铸造（硕）	1986	中国工程院院士（2015）
19	卢秉恒	机切动力（博）	1986	中国工程院院士（2005）
20	徐宗本	计算数学（博）	1987	中国科学院院士（2011）
21	陈政清	固体力学（博）	1987	中国工程院院士（2015）
22	房建成	自动控制（硕）	1988	中国科学院院士（2015）
23	孙军	材料科学与工程（博）	1989	中国科学院院士（2021）
24	乔红	液压传动气动（硕）	1989	中国科学院院士（2021）
25	汤广福	电器	1990	中国工程院院士（2017）
26	郝悦	计算数学（博）	1990	中国科学院院士（2013）
27	焦李成	理论电工（博）	1990	欧洲科学院院士（2021）
28	罗琦	工程热物理（硕）	1991	中国工程院院士（2019）
29	严新平	机械工程（博）	1997	中国工程院院士（2019）
30	黄俊	工程热物理（硕）	1999	美国发明家科学院院士（2020）

五、国家实验平台助力科技创新

国家高端平台

"工欲善其事,必先利其器",学校作为传统的理工科重点大学,高水平专业实验室的建设尤其重要。"七五""八五"期间,学校利用国家重点建设资金和世界银行贷款建设了一批国家级重点实验室,为汇聚国内外科研精英,深化科学基础理论研究,创新高端技术应用,提升人才培养和学科质量奠定了良好基础;同时也为加强国内外学术的交流合作,推动办学国际化提供了高水准的平台。

1985年建立机械结构强度与振动国家重点实验室

1990年建立动力工程多相流国家重点实验室

1991年建立金属材料强度国家重点实验室

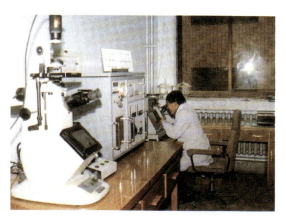

1991年建立电力设备电气绝缘国家重点实验室

1991年建立机械制造系统工程国家重点实验室

国家级实验平台

建立时间	名称
1985	机械结构强度与振动国家重点实验室
1987	电子物理器件国家专业实验室
1990	动力工程多相流国家重点实验室
1990	精细功能电子材料和器件国家专业实验室
1990	现代医学电子技术及仪器国家专业实验室
1990	流体机械国家专业实验室
1991	金属材料强度国家重点实验室
1991	电力设备电气绝缘国家重点实验室
1991	机械制造系统工程国家重点实验室
1993	润滑理论及轴承转子系统国家教委开放研究实验室
1995	流体机械与压缩机国家工程中心

全国科技三大奖（含全国科学大会奖）

1978年，中央召开全国科学大会，邓小平指出四个现代化的关键是科学技术的现代化，并着重阐述了科学技术是生产力的思想，指明了我国科学事业发展的正确方向。在全国科学大会上，学校有37项优秀科技成果得到奖励。金属材料及强度研究室被授予先进集体称号。

学校认真贯彻"科学技术工作必须面向经济建设"的方针，坚持团结协作，开拓进取，科技成果不断涌现，创造多项中国科学研究历史上的第一，填补多项国内外空白。1978—1999年获国家科学技术奖127项，其中全国科学大会获奖37项，国家自然科学奖9项，国家科技进步奖54项，国家技术发明奖27项，获奖数位居全国高校前列，为科技发展和国家经济建设作出了重大贡献。

1980—1999年第一完成单位获得国家科学技术奖一览

序号	获奖项目名称	第一获奖者	奖励级别	获奖时间
1	稀土镁低磷球铁320大气压高压气缸	王迪生	技术发明三等奖	1980
2	PLK8.33×2/20-6橡皮加稳空气轴承中压透平膨胀机	陈纯正	技术发明三等奖	1981
3	50公斤摇臂式电磁锤	陈世坤	技术发明四等奖	1981
4	XE-30低压大电流选相合闸装置	电器教研室	技术发明四等奖	1981
5	广义变分原理的研究	匡震邦	自然科学二等奖	1982
6	流体润滑理论及轴承研究	谢友柏	自然科学四等奖	1982
7	提高高铬铸铁耐磨性的新工艺	余滋章	技术发明四等奖	1982
8	小型脉冲晶体管直流X光机	毕丽天	技术发明四等奖	1983
9	低碳锰钒硼钢新材料及其应用于高强度汽车螺栓新工艺	黎永钧	技术发明三等奖	1984

续表

序号	获奖项目名称	第一获奖者	奖励级别	获奖时间
10	含铝基休钢012铝	王笑天	技术发明三等奖	1984
11	共轭件啮合精度运动测试与工艺分析装置	熊则男	科技进步二等奖	1985
12	压缩机环状阀设计新方法	吴业正	科技进步二等奖	1985
13	管流脉动与管道振动的控制	党锡淇	科技进步二等奖	1985
14	汽轮机（KT-1501）高压缸新转子设计研制	马致远	科技进步二等奖	1985
15	多排切向小孔供气及双气膜气体轴承	陈纯正	科技进步三等奖	1985
16	实际工程激光全息测试技术及JD-83移动式全息照相机	谭玉山	科技进步三等奖	1985
17	160吨高冲程无接触传动电磁螺旋压砖机	顾积栋	技术发明四等奖	1985
18	低碳马氏体的应用基础及开发技术	周惠久	科技进步一等奖	1987
19	链条炉炉拱结构与二次风技术研究	黄祥新	科技进步二等奖	1987
20	SSJ-10型数字地震检波器动态特性研究成果的推广应用	胡时岳	科技进步三等奖	1987
21	离相封闭母线的理论与实验研究	吴励坚	科技进步三等奖	1987
22	夹心风燃烧器	徐通模	技术发明三等奖	1987
23	医用相控阵技术	程敬之	技术发明四等奖	1987
24	发挥金属材料强度潜力的理论研究——论强度、塑性、韧性的合理配合	周惠久	自然科学三等奖	1987
25	管内气液两相流与沸腾传热特性的研究	陈学俊	自然科学三等奖	1987
26	压缩机性能提高及优化设计	周子成	科技进步二等奖	1988
27	伪随机码超声多普勒血流仪	程敬之	科技进步二等奖	1988
28	CZQ6000型直流探伤——超低频退磁机	于轮元	科技进步三等奖	1988
29	H100-9/0.97型离心式压缩机	黄淑娟	科技进步三等奖	1988
30	彩电高压陶瓷电容器的研究	陈寿田	科技进步三等奖	1988
31	微机视觉与汉字识别系统	宣国荣	科技进步三等奖	1988
32	BJ001128/256微机自动转报系统	汪德顺	科技进步三等奖	1988
33	ZYJD-86型抽油机井综合测试系统及其应用	陆耀桢	科技进步三等奖	1988
34	JTR-1型教学机器人	陈辉堂	科技进步三等奖	1989
35	电冰箱用铜铝管接头的焊接技术	邱凤翔	科技进步三等奖	1989
36	发电厂热系统节能理论及其应用	林万超	科技进步三等奖	1989
37	中国分类（区域）模型生命表	蒋正华	科技进步三等奖	1990
38	小型红外光控制高压脉冲触发装置	张源斌	技术发明四等奖	1990
39	高压汽水两相流与传热试验系统研究	陈听宽	科技进步二等奖	1991
40	高性能机器视觉及车型与牌照自动识别系	郑南宁	科技进步二等奖	1991
41	径、混流式"全可控涡"三元叶轮设计方法及其流型	王尚锦	技术发明三等奖	1991
42	变异煤粉浓度燃烧器	徐通模	技术发明三等奖	1991
43	可反向的轴流风机翼型	李超俊	技术发明四等奖	1991

续表

序号	获奖项目名称	第一获奖者	奖励级别	获奖时间
44	声带多维振动与噪音源特性测量技术及设备	万明习	技术发明三等奖	1992
45	天然气润滑轴承透平膨胀机	陈纯正	科技进步三等奖	1992
46	中国劳动就业与社会老年保证研究	蒋正华	科技进步三等奖	1992
47	中子输运理论数值方法与核电计算软件研究	谢仲生	科技进步三等奖	1992
48	半导体光控变容器和半导体电压控制变容器	朱长纯	技术发明四等奖	1993
49	地下输油管堵点探测方法及仪器	刘文江	技术发明四等奖	1993
50	二维目标实时分析与跟踪系统（导弹弹头表面烧蚀图象分析与坦克目标实时跟踪）	郑南宁	技术发明四等奖	1995
51	JN-1型火电厂节能诊断仪	林万超	技术发明四等奖	1995
52	耐高温、防腐、防垢、耐磨、导热系列特种涂料及其应用	茅素芬	技术发明四等奖	1995
53	JZR-V精密装配机器人视觉系统	郑南宁	科技进步二等奖	1996
54	高比容高压电解电容器阳极用腐蚀铝箔	徐友龙	科技进步三等奖	1996
55	超临界锅炉关键技术的研究	陈听宽	科技进步三等奖	1996
56	三相自动控温加热电缆	程锡圭	技术发明三等奖	1996
57	旋转机械转子轴承系统摩擦学动力学设计理论及应用研究	谢友柏	科技进步二等奖	1997
58	三相交流铁磁分离器	顾积栋	技术发明三等奖	1997
59	我国管理科学学科发展战略研究	汪应洛	科技进步三等奖	1999
60	大型机械设备变工况非平稳动态分析与监测诊断关键技术	何正嘉	科技进步三等奖	1999
61	25英寸700线彩色电视显像管	钱慰宗	科技进步三等奖	1999
62	脉管制冷机理论和结构的重要发展	朱绍伟	自然科学四等奖	1999
63	电弧等离子体与电极表面相互作用的机理研究	王其平	自然科学四等奖	1999
64	电力系统可靠性与规划的基础理论及算法研究	王锡凡	自然科学四等奖	1999

1987年周惠久"低碳马氏体的应用基础开发技术"荣获国家科学技术进步一等奖

1989年汪应洛《2000年的中国》荣获国家科技进步一等奖

【校史故事】电子陶瓷奠基人姚熹

姚熹，国际著名材料学家，中国铁电陶瓷领域的奠基人之一，中国科学院院士、国际陶瓷科学院院士、美国国家工程院外籍院士。

1982年姚熹荣获美国宾州大学XEROX（施乐）奖

姚熹1957年毕业于交通大学电机系，后随校西迁。来西安后，他与百余名师生共同奋战，用短短八九个月的时间，在边筹建边生产的西安高压电瓷厂试制成功了我国第一台33万伏高压变压器电瓷套管。这段科研经历被他自称为"学术的奠基阶段"。1959年，他作为助教开设新课"特种电瓷"，并以此作为自己的研究方向。

改革开放后，姚熹成为首批赴美进修留学生。他用两年半时间取得宾夕法尼亚州立大学固态科学博士学位，成为该校获此专业学位用时最短的学生，也是改革开放以来第一位在美国获得博士学位的中国学者。他的研究成果成功解决了世界各国科学家长期关注却一直未能解决的一个有关铁电陶瓷领域的难题。他也因此广受世界关注，被称赞为"最富有创造性的、极其勤奋的学者"。此后，姚熹以博士后研究员身份继续留美从事研究工作，并在电子材料领域连创佳绩。

1983年，姚熹开启了为祖国科学事业呕心奋战的新征程。他在功能陶瓷研究领域中大胆探索，提出了一系列富有创造性的理论观点和方法，取得开拓性成就；他在透明电光陶瓷的研究中进一步完善了微畴与宏畴转变理论，为形成新的电子陶瓷材料及器件提供了理论基础；1985年，他获得美国陶瓷学会Ross Coffin Purdy奖，此奖是对世界各国在陶瓷科技文献方面作出卓越贡献学者的最高奖励，姚熹是获得此奖的唯一的中国人；他推动了电子陶瓷研究生教育在中国的发展，作为这一领域的第一位博士生导师，使中国在这个领域取得了国际影响；他在国内首次提出关于研究材料的纳米结构问题，提倡纳米复合功能材料的研制，为开拓和推动我国纳米材料的研究作出了突出贡献。

【校史故事】著名人口学家蒋正华

蒋正华，浙江杭州人，1954年考入交通大学电机系电器制造专业，1958年随校迁至西安,提前毕业参与创建自动学与远动学专业,先后从事过导弹、原子能反应堆、炼油、化工、元器件生产自动化等领域的自动控制系统研究工作。

1980年蒋正华接受联合国资助中国的研究项目,赴印度从事人口与社会经济的理论研究。此前他已获得了改革开放后我国第一批公派赴美国留学名额,临行之际,突然接到学校通知,要求他参加去联合国有关机构学习的考试。这是新中国成立后联合国给我国的第一个资助学习项目。学习地点是印度,虽然各方面条件较为落后,但意义重大。教育部指定了四所学校争两个名额。为了确保争到这个名额,学校考虑再三,认为蒋正华不仅外语水平高,全面发展,且70年代末期一直从事复杂系统工程及陕西省内的经济发展模型研究,派他去最有把握。结果蒋正华一考即中。

1985年召开国际人口讨论会(中国部分)

两年后,蒋正华获得印度国际人口学院的金质奖章,这是该荣誉首次旁落于外国人之手。自此,他以系统工程、自动控制理论和电子计算机应用技术为基础,开始技术人口学的研究,编制的中国模型生命表填补了国际研究的空白。他是中国技术人口学科带头人之一,两次荣获国家科技进步一等奖,两次获得国家科技进步三等奖,受邀长期担任美国斯坦福大学、法国巴黎政治学院客座教授,以及联合国人口专家。

1991年起,蒋正华先后担任过国家计划生育委员会副主任,农工民主党中央副主席、主席,全国人大常委会副委员长等职务。

六、建设红专结合的人才队伍

学校全面加强党的建设和政治思想教育工作,主动发展业务好、素养高的一批高级知识分子入党。1981—1984年全校共发展新党员466人,其中讲师职称以上98人,教师中党员人数占36.2%,正、副教授中的党员人数达到45.4%,学校人才建设工作成绩突出。

1978年电器党支部吸收王季梅教授入党

学校积极落实党的知识分子政策,广大教师焕发空前激情,积极投身于改革开放的时代洪流之中,坚持教书育人、服务社会、建设"四化",涌现出了以孟庆集、杨延篪为代表的一大批先进人物,得到了党和国家的充分肯定。爱国奋斗、创业奉献,彰显出了新时期中国知识分子的风范。

1989年全国优秀教师庄懋年、杨延篪、顾骏声、叶德璇、李能贵、徐新符,全国优秀教育工作者王运路

陆逢升教授(右)获耕耘奖杯

1995年5月王尚锦教授荣获"全国先进工作者"称号,并受邀出席全国劳模和先进工作者表彰大会(1989年蒋正华教授亦曾荣获"全国先进工作者"称号)

1986年陈大燮奖学金颁奖仪式举行，其为学校设立的第一个奖学金

1992年5月10日首届钟兆琳奖学金颁发典礼

学校为从教50年、60年的老教授庆祝

国家级有突出贡献的专家名单

姓名	单位	批准时间
姚熹	电子与信息工程学院	1987年
孟庆集	能源与动力工程学院	1988年
蒋正华	管理学院	1989年
林宗虎	能源与动力工程学院	1989年
陈听宽	能源与动力工程学院	1989年
束鹏程	能源与动力工程学院	1991年
陶文铨	能源与动力工程学院	1991年
吴业正	能源与动力工程学院	1991年
徐通模	能源与动力工程学院	1992年
王尚锦	能源与动力工程学院	1992年
郑南宁	电子与信息工程学院	1992年
侯义斌	工程与科学研究院	1994年
郑崇勋	工程与科学研究院	1994年
席西民	管理学院	1996年

【校史故事】孟庆集：改革开放新时期落实中央优秀知识分子政策的"破晓者"

1980年5月21日《人民日报》头版头条报道孟庆集为国争光事迹

改革开放伊始，学校积极落实党中央知识分子政策，坚持以红专结合为方向，在优秀人才建设方面取得重要成绩。孟庆集即其中典型。

1956年孟庆集从交通大学涡轮机专业毕业后留校任教。20世纪70年代后期，南京栖霞山化肥厂引进法国一套大型成套设备，其中的关键设备透平高压转子连续三次发生叶片断裂事故。1979年4月，中方与法国厂商进行技术谈判，孟庆集讲师担任中方技术主谈。他透彻地分析了事故原因在于叶片设计存在着强度方面的根本性错误。经多次谈判，法方承认孟庆集"对事故的分析是清楚的，符合实际的"，答应了中方提出的合理要求，更换重新设计的、性能可靠的新转子。孟庆集为国家挽回了660万法郎的经济损失。

孟庆集以真才实学取得谈判胜利、挽回重大损失的消息令人振奋。1980年5月21日《人民日报》头版以"在和外国厂商技术谈判中显才能 孟庆集分析质量事故有理有据"做了报道，并以孟庆集等人的事迹，配发了"有真才实学才能建设四化"的社论。次日，全国各大报纸都在头版做了报道，有的还配发了评论员文章。孟庆集与外商谈判的先进事迹，为中国人争了一口气，为新中国知识分子争了一口气，并启发全国人民要重视知识分子，要创造条件让大批有才能的知识分子能破"盖"而出。

1980年5月17日，胡耀邦同志在一个文件中批示：像孟庆集这样的优秀人才应该破格提升。1980年6月28日，《人民日报》以此为背景发表了"论破格"的社论，强调选拔、使用人才，要坚持正确的标准，主要看本人贡献大小、学术水平和业务能力的高低，要破除"论资排辈"，让孟庆集那样的优秀人才脱颖而出。

【校史故事】杨延簏："我的事业在祖国，我一定要回去"

杨延簏，出生于香港，1947年考入交通大学航空系，毕业前夕参加中国人民解放军空军，1954年转业后回母校任教，1956年随校西迁，1979年提升为副教授。

1979年，杨延簏率家眷赴香港探亲。其父经商，家境富裕，兄弟姐妹各学有所长。家人极力挽留他定居香港,并许以高薪职位等。杨延篪坚定地说:"我什么都不要,我要的只是祖国的富强。能为她的富强贡献自己的力量就是我最大的幸福。"回校后,杨延篪更加努力投身于机床切削理论研究,他的一篇学术论文被中国机械加工学会评定"达到国际先进水平",并在第二十届国际机床设计与研究年会上交流,此为中国成果首次展示于国际机床动力学术界。

1980年,杨延篪被派往由国际知名机床动力学权威托贝斯教授主持的伯明翰大学机械系进修,研究"用微机进行铣床动态验收试验"项目。此前,他几乎从未接触过微机,更遑论编译程序了。托贝斯担心他难以完成任务,建议订购编译程序软件。杨延篪谢绝托贝斯教授的好意,从最简单的编程指令学起,终不辱使命,不仅在进修的一年时间里顺利取得课题成果,还受邀指导该校的研究人员。托贝斯教授称赞中国学者"非常能干而且勤奋"。

杨延篪

在学校建校85周年暨迁校25周年之际,时任教育部部长蒋南翔发表重要讲话,称赞杨延篪是"又红又专的优秀人才"的杰出代表。

【校史故事】母校情深——记江泽民学长四次回母校

江泽民1947年毕业于交通大学电机系。江泽民十分尊敬自己的老师,关怀母校的发展,在担任总书记期间,曾三次回母校西安交大看望广大师生。江泽民学长尊师重教的美德成为交大师生、校友间流传甚广的一段佳话。

1989年9月,江泽民学长第一次回到西安母校。在老行政楼走廊里,江泽民学长遇见了1947年在交大求学时的老师严晙教授。他紧步上前,紧紧握住严老的手说:"严老师,您好!"在同母校师生座谈时,江泽民学长饱含深情地讲道:"交大是我的母校。我读的电机系基本上都迁过来了,应该说这里是我的母校。严晙教授是我的老师,教我电机设计。沈尚贤教授教我照明学,蒋大宗教授高我几级,他当时是助教,也是我的老师"。"我来应该看望看望我的老师","尊师是中华民族的传统美德。我直到现在,包括在上海当市长、市委书记时,见了钟老师总是毕恭毕敬的","现在的年轻学生要发扬这个传统"。谈起迁校后母校的巨大发展变化,江泽民学长十分感慨:"现在是一片郁郁葱葱啊,当年上海时的校园可没这么好"。接着他强调说:"我非常羡慕你们这里美好的学习环境,希望同学们珍惜,希望老师们把代表着我们希望和未来的下一代精心培养好,使我们国家真正富强起来。"

1993年6月,江泽民学长第二次回西安母校。因日程紧张,江泽民学长在登机返京前的两个小时,不顾连日劳累赶来了母校。他第一个紧紧握住的是赵富鑫老教授的双手,端详这位可敬的物理学前辈,向他问好。随后,江泽民学长同师生拉起了家常,他动情地说:"我们中国一向有敬贤尊师的美德。如果我们全社会都坚持'尊重知识,尊重人才',我们这个国家是大有希望的。"听闻沈尚贤老师故世的消息,江泽民学长十分感伤,回忆了当年沈老师讲照明学的一些情节,并做了今昔对比,指出:"今天集中精力搞经济建设,关键是要狠狠抓住科技这个第一生产力,要使基础研究、应用研究、技术开发各得其所,既推动科学事业的发展,又使科学研究能够面向经济建设。"而"科技这个第一生产力与我们的大学是分不开的。交大应该说是我国有名的最高学府,在理工方面也可以说是世界闻名,以前我们做学生时都叫交大是'中国的MIT'"。他指出,尽管困难不小,我们的大学"要有长期努力的思想准备和艰苦奋斗的精神",有"献身于教育的崇高事业心","经过共同努力,就能够把我们国家的现代化建设尽快搞上去"。最后,江泽民学长鼓励道,西安交大"苍松翠柏,一片青翠,环境太好了!在这样的环境里,应该出智慧,应该产生新的科学家","我衷心祝愿我们的母校在各个方面都取得很大的成就"。获知母校将建学生活动中心,江泽民学长欣然题写了馆名"思源学生活动中心"。

江泽民给钟兆琳老师的教师节信

2002年3月,在来陕考察时,江泽民学长第三次回到母校。在四大发明广场他接见了母校师生,说"我就回来看看大家",随后又到科学馆、康桥苑进一步了解了母校近来的发展情况。

2009年,江泽民学长第四次回到母校,来看望广大师生。

七、开拓国际交流新篇章

学校全面展开对外学术交流工作,是全国首批接待境外来访并回访的高校。学校第一个组团访问欧洲,第一个与香港高校展开互访合作关系,与日本、美国、加拿大、英国、荷兰、瑞士、法国、联邦德国等国家以及中国香港的数十所高校建立了广泛的学术交流关系，国际影响日益扩大；1978—1984年学校共派出教师、研究生出国进修、留学近300人。

留学生规模不断扩大。学校既有短期留学生也有长期留学生，包括语言生、本科生、硕士生、博士生、博士后。他们来自美国、德国、日本、韩国、巴基斯坦、尼日利亚、印度等十余个国家和地区。1998年学校接收来自世界14个国家和地区的各类留学生共192人，为历年之最。

1978年香港理工学院院长李格致博士率代表团来校访问

1980年10月教授代表团访问瑞士洛桑联邦理工学院

1980年两获诺贝尔奖的物理学家巴丁教授（左2）来校讲学

1995年5月与英国曼彻斯特理工大学、马来西亚白育灵学院签订合作协议

1985年6月25日召开国际电介质材料性能与应用会议

1986年主办第一届国际数值最优化与应用会议

1991年联合国科教文组织总干事姆博（左7）及随行人员来校访问

1994年7月留学生在上课

1995年5月参加陕西省外国专家教师留学生运动会

1998年举行留学生开学典礼

【校史故事】改革开放后高校首次访问香港

1979年5月应邀组团访问香港理工学院并与校友座谈

香港是中华人民共和国不可分割的重要组成部分,因历史原因,直至1997年才回归祖国怀抱,其与国外有着极其广泛的联系,是祖国对外交流的重要窗口。20世纪70年代末,学校在香港有校友六七百人。改革开放伊始,学校为尽快打开局面,努力提升办学水平,首先从与香港的学术交流入手,开启了新时期对外交流的新篇章。1978年,香港理工学院院长李格致博士率团访问西安交大,表达了两校开展学术交流的愿望。为增强内地与香港院校和校友之间的联系,1979年5月至6月,由陈吾愚校长率领代表团一行10人,应邀赴港进行了为期两周的访问,代表团参观访问了香港理工学院、香港中文大学和香港大学3所院校,所到之处受到热烈的欢迎和接待,周惠久、向一敏、胡正家3位教授做了新中国成立后内地学者在港的首次学术报告,影响广泛。在香港的交大校友80余人出席宴请了代表团,年逾八旬的老校友也赶来参加。代表们与旅港校友进行了广泛的接触,校友们热情地捐资为母校赠送了一批计算机等礼物。

香港的《大公报》《文汇报》《新晚报》《明报》、Standard等报纸以及电视台,对代表团的活动和国内教育、科研情况做了大量友好的报道。新华社香港分社高度赞扬这次访问活动,认为十分成功。这次访问开改革开放后大陆赴香港地区教育交流的先河,意义重大。自此,内地与香港开始了频繁的学术教育互动交流。

【校史故事】中美第一届两相流国际会议

1984年5月,经教育部批准和美国科学基金委员会同意,中美两相流及传热学术讨论会在西安交大举行。会议中方主席由中国科学院学部委员(院士)、副校长、工程热物理研究所所长陈学俊教授担任,美方主席由国际氢能学会主席魏齐罗格鲁教授担任。出席会议代表共66人,其中美方代表10人,中方代表52人,联邦德国等第三国代表4人,会期6天,会议取得了圆满成功。

此前,美国国家基金会审批这次会议时,曾认为只会对中国单方有利。但通过会议,包括美国国家基金会代表在内所有与会的外国代表,都改变了原来的看法,他们对中国论文评价都很好,对能提交这么多质量较高的论文感到出乎意料。与会专家认为:中国学者对两相流和传热有很好的了解,并切实开展了不少工作,许多研究课题都和他们相近,水平是相当的。中国同行的不少论文是在比国外更为优越的试验条件即高压、高温以及大规模试验台上完成的,在技术应用方面较强,但是在机理研究和开拓性研究及测试手段方面还不及国外。当听到学校研究生用英文宣读论文以后,魏齐罗格鲁教授反复对陕西省省长和学校校长说,看到年轻人能发表这样水平的论文感到特别高兴,给我第一印象是你们的年轻人成长起来了。这是学校首次举办有多国专家和学者参加的国际性学术讨论会。这次会议也为次年在学校召开规模较大的国际电介质材料性能与应用会议、1985年夏季国际人口讨论会以及后续一系列国际学术会议积累了经验。

1984年学校举行中美两相流与传热学术讨论会

第一次中美两相流国际会议后,经与美国基金会商定,多相流国际会议每五年举行一次,地点在西安,由西安交大主办。

八、校园文化活跃多彩

坚持以"三好"为目标,以学习为中心,持续开展"三好学生"和先进集体表彰,树立学习的榜样。倡导"又红又专",坚持"三活跃"(思想、学习、生活),积极响应"从我做起,振兴中华"的号召,校园知识竞赛、音乐会、运动会、体育比赛、合唱比赛等活动异彩纷呈,校园文化生活丰富多彩。

学校举行体育运动庆功会

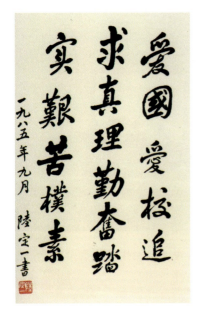

陆定一学长题写的校风

第21届学生代表大会

中国女排队员郎平、张蓉芳、孙晋芳来校做报告

1998年篮球队夺得首届中国大学生CUBA篮球赛超霸杯

女子体操队

1980年自编配诗管弦乐《春天里的歌》获全国高校文艺会演一等奖

1980年12月首届"交大之星"音乐会

美术创作

1991年服装表演大赛

【校史故事】百年校庆暨迁校四十周年

  1996年3月28日，百年校庆前夕，中共中央总书记、国家主席江泽民在北京中南海亲切接见包括西安交大潘季、蒋德明同志在内的4所交通大学的党委书记和校长，并发表重要讲话指出，教育要全面适应现代化建设对各类人才培养的需要，要全面提高办学的质量和效益，勉励交通大学师生要再创新的辉煌，为社会主义祖国的繁荣昌盛作出更大贡献。

  1995年12月8日，江泽民总书记为交通大学建校100周年题词"继往开来，勇攀高峰，把交通大学建设成世界一流大学"，陆定一学长在病榻上为交大百年校庆题词"百年树人"。

  1996年4月8日，交通大学建校100周年暨迁校40周年纪念大会隆重举行。全国人大常委会副委员长王光英等重要领导莅会祝贺。纪念大会播放了江泽民总书记的贺词录音，宣读了中共中央政治局委员、书记处书记丁关根校友以及校务委员会主任陆定一校友的书面讲话，国家教委副主任韦钰宣读了国家教委的贺电，陕西省省长程安东讲话。在纪念大

1996年4月8日建校100周年暨迁校40周年纪念大会隆重举行

会上讲话的还有清华大学校长王大中院士、美国加利福尼亚大学伯克利分校校长田长霖院士及来自荷兰、韩国和美洲的校友会代表等。蒋德明校长作了题为"继往开来，再创辉煌"的讲话。参加纪念大会的有国内外校友来宾4万余人。

校庆期间举办了钱学森图书馆命名仪式，颁发西迁教工荣誉证书，开展学术报告、交大革命传统报告、文艺汇演、校友返校等一系列活动，充分展示建校100年，特别是迁校40年来的办学成就，提高了学校的地位和国际知名度，也加强了母校和校友之间的联系，增强了海内外校友和广大师生员工的凝聚力，激发了大家爱国爱校的热情。

钱学森图书馆、思源学生活动中心命名仪式，宪梓堂和四大发明雕塑落成典礼举行

授予赵富鑫、周惠久等教授"西安交通大学杰出教授"称号

校友为母校庆祝百年华诞

【校史故事】"西交四剑"辩论队

1996年西安交大辩论队成立，至今已有20余年历史，辩论队成立之初即获得了一系列殊荣。

1996年10月21日，学校辩论队在上海获得第二届中国名校大学生辩论邀请赛冠军，管理学院路一鸣获"最佳辩手"称号。

1998年8月22日，获第二届中国大学生电脑大赛电视辩论赛冠军，同年荣获蓝带杯全国大专辩论赛冠军。

1998年国际大专辩论赛摘得决赛冠军和最佳辩手两项桂冠

1999年8月28日，校辩论队在由中国中央电视台和新加坡电视机构联合主办的第四届国际大专辩论赛会上夺得冠军，这次比赛让西交辩论队声名鹊起。参加此次辩论的选手一辩樊登，二辩郭宇宽，三辩路一鸣，自由人谭琦，他们以"铁立论，美意象，快节奏"的辩论风格著称，被誉为"西交四剑"。在1999年国际大专辩论会的赛场，"西交四剑"横扫群雄，先后战胜了澳大利亚新南威尔士大学和新加坡南洋理工大学，最终在决赛中力克宿敌马来西亚大学辩论队夺得冠军，三辩管理学院路一鸣获"最佳辩手"称号。此后大陆华语辩论广泛普及，一时之间，"西交四剑"成了大学生群体尽人皆知的名字。同年，校辩论队被共青团陕西省委授予"新世纪突击队"称号。

第九章　北医西迁振兴西北（1912—2000）

民国初建，北京医学专门学校成立，首开中国现代医学教育先河；抗战军兴，北医迁陕，后来成立西北医学院，奠基西北现代医学事业；中华人民共和国成立，西医砥砺前行，精勤教育，救死扶伤，扎根西部，服务人民。

一、燧火开源遂，北京开医道（1912—1937）

1912年1月南京临时政府成立，民国政府教育部决议改革清末旧学制，推行新型教育体制，开办各类新式学校。8月，第一次全国教育会议在北京召开，其后即在北京拨款购地筹划创建北京医学专门学校。9月，电召汤尔和进京主持筹办。10月16日教育部任命汤尔和为北京医学专门学校校长，10月26日颁发校印，颁布北京医学专门学校章程。自此，中国第一所西医学校正式诞生，其为中国现代西医教育之始。

1912年10月26日北京医学专门学校授印

北京医学专门学校是民国早期九所著名高校之一。1913年1月20日，首届四年制72名新生举行了开学典礼。学校办学宗旨为"促进社会文化，促进文明，减少人们痛苦，用学术来和列强竞争"。1928年学校定名为北平大学医学院。学校先后设置组织学、化学、解剖实习室，细菌学分教场，病理组织、病理解剖实验室和图书室。其后又成立了生理学教室、耳鼻喉科教室和皮肤花柳科教室。

北平大学医学院校门

北京医学专门学校组织沿革

时间	校名	主要负责人
1912	北京医学专门学校	汤尔和
1915	北京医学专门学校	葛成勋
1916	北京医学专门学校	汤尔和
1922	北京医学专门学校	周颂声
1924	北京医科大学校	洪式闾
1925	北京医科大学校	张黼卿
1926	北京医科大学校	孙柳溪
1927	京师大学校医科	孙柳溪
1928	北平大学医学院	徐诵明
1932	北平大学医学院	吴祥凤

学校多次派员赴日本、德国、美国调查医事新发明、考察生理研究新进展，促进中外学术交流。1913年8月，学校聘日本金泽医学专门学校石川喜直为解剖学教授。1917年学校第一届医学生毕业，他们是中国自己培养的首批高级医学专门人才，其中包括著名寄生虫学家洪式闾、药理学家徐佐夏等。1923年学校在国内率先筹建大学六年制（预科两年、本科四年）医学高等教育。从开办至1937年，共培养四年制毕业生363人。

1917年北京医学专门学校第一届毕业生合影

学校素以"所得经费最少,培养人才最多"闻名。在北京创业 25 年,学校先后成立艾西学会、医光会、北平医刊社等,编辑出版了《通俗医事月刊》《医光》《北平医刊》《卫生周刊》《北平大学医学院月刊》等。教师翻译编著出版了《组织学》《诊断学》《病理总论》《内科全书》《外科学总论》等一批名作,为中国现代医学教育的发展起到了重要促进作用。

学校早期教授名单(1936 年)

学科（专业）	姓名	学科（专业）	姓名
解剖学	陈友浩	化学	梁铎
生物化学	徐开	生理学	侯宗濂
病理学	徐诵明、林振纲	细菌学	杨敷海
内科学	吴祥凤、朱其煇、姚鸿焘、刘先登	药理学	徐佐夏
外科学	刘兆霖	法医学	林几
小儿科	颜守民	皮肤花柳科	蹇先器
理疗科学	梁铎	卫生学	严镜清

【校史故事】徐诵明与北平医学院附属医院的建设

1915 年 2 月,经教育部批准,北京医学专门学校诊察所正式开诊,开始为学生开设临床教学课程,提供实习基地。其设有外科手术室、内科检查室施诊病室、一二三等病室,首开现代临床医学教育之先。1915 年 8 月,北京医学专门学校产婆养成所成立,1920 年更名为助产讲习所,为国内最早助产教育学校。1927 年,诊察所扩充为京师大学校医科附属医院;1928 年时任北平大学医学院院长徐诵明主持成立北平大学医学院附属医院,在背阴胡同前审计院择定新址建成开诊。从此,附属医院成为设有百余张病床的教学医院,其后规模和水平有长足发展,成为当时国内著名的"平大医院"。

徐诵明（1890—1991）

徐诵明,汉族,浙江省新昌县人,中国同盟会会员。我国现代医学教育先驱及病理学奠基人之一,坚定的爱国教育家,是中国高等院校西迁抗战的一面旗帜。1918 年毕业于日本九州帝国大学医学院。1919 年受聘担任北京医学专门学校病理教研室主任、教授。在北京医学专门学校,他创建了中国自办的第一个病理学研究室,还主持评定和统一了病理学的中文名词,在国内首开用中文教授医学课程之风。1928 年 11 月至 1932 年 8 月任北平大学医学院院长。1932 年至 1937 年任北平大学代理校长、校长。

1937年后,先后担任西安临时大学(后为西北联合大学)校务委员会常务委员(主持校务)、同济大学校长、沈阳医学院院长等职。中华人民共和国成立后,担任中央人民政府卫生部教育处处长、人民卫生出版社社长、《中华医学杂志》总编辑等职,是第三、第五届全国政协委员。

二、抗战迁陕,浴火重生(1937—1945)

成立西安临时大学

1937年"七七"事变爆发,平津相继沦陷,学校危在旦夕。为保存中国教育文脉,顺应各高校爱国师生反对日本帝国主义奴役和将学校西迁的强烈要求,国民政府组织沦陷区各类学校一律向内地迁移。八九月间,教育部多次颁布学校内迁的相关部令,令北平大学、北平师范大学、北洋工学院等迁往西安,成立西安临时大学。

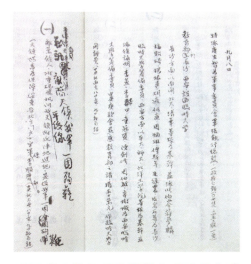

1937年9月8日教育部决定三校合并设立西安临时大学

1937年吴祥凤教授等离开北平前与部分同仁在其家门前合影

西安临时大学成立的消息传到北平,吴祥凤即以院长身份召集留在医学院的教授在石驸马大街自己家中开会,传达教育部训令,商讨西迁办学事宜,并提出愿去西安的签名,不愿去的也不勉强。吴祥凤、王同观、王晨、蹇先器、颜守民等教授当场签名。另有在外

吴祥凤（1888—1956）

地的一批师生和在国外留学研修的医学院教师听到西安临大成立的消息后，断然拒绝日伪威逼利诱，相继辗转来到西安。吴祥凤教授担任医学院院长，率领师生30余人，在西安市通济坊租赁部分楼房作为教室，于10月下旬筹备就绪，11月下旬勉强开课。西安临时大学校本部校址设在城隍庙后街原陕西第一中学内。西安临时大学的成立标志着我国西北地区首个综合大学的建立，奠定了西北地区高等教育大发展的基础。

西迁的部分教师（1937年9月—1938年8月）

姓名	籍贯	职务（职称）	专业	国内毕业院校	国外留学院校	到校时间
吴祥凤	浙江嘉兴	院长、教授	内科学		日本千叶医科大学、美国霍普金斯大学	1937年9月
徐佐夏	山东广饶	教授	药理学	北京医学专门学校	德国柏林大学、图宾根大学、格赖夫斯瓦尔德大学	1937年9月
严镜清	浙江宁波	教授	公共卫生学	北京协和医学院	美国哈佛大学公卫学院	1937年9月
蹇先器	贵州遵义	教授	皮肤花柳科学		日本千叶医科大学	1937年9月
王晨	河北通县	教授	化学		德国基尔大学	1937年9月
林几	福建闽侯	教授	法医学	北京医学专门学校	德国柏林大学、日本留学	1937年9月
毛鸿志	江西广丰	副教授	病理学	北京医学专门学校	日本九州大学	1937年9月
王同观	山东安邱	副教授	妇产科学	北平大学医学院	日本东京大学	1937年9月
李漪	山西昔阳	副教授	病理学	北京医学专门学校		1937年9月
翟之英	山西定襄	专任讲师	外科学	北平大学医学院		1937年9月
黄万杰	浙江乐清	专任讲师	公共卫生学	北平大学医学院		1937年9月
刘士琇	安徽凤阳	专任讲师	眼科学	北平大学医学院	日本九州大学	1937年9月
徐幼慧	浙江新昌	助教	妇产科学	北平大学医学院	日本九州大学	1937年9月
贾淑荣	绥远	助教	内科学	北平大学医学院		1937年9月
厉矞华	浙江杭州	助教	小儿科学	北平大学医学院	日本九州大学	1937年9月

续表

姓名	籍贯	职务（职称）	专业	国内毕业院校	国外留学院校	到校时间
王景槐	辽宁	教授	外科学	北平大学医学院	德国图宾根大学	1938年2月
李宝田	河北高邑	助教	内科学	北平大学医学院	德国	1938年2月
周美姝	江苏江宁	护理室主任		中央高级护理职业学校		1937年11月
周梓南	江苏江宁	护士长		上海西门妇孺医院协和高级护士职业学校		1937年11月
聂玉琨	陕西三原	护士长		上海西门妇孺医院协和高级护士职业学校		1937年11月
高维新	山东临沂	助产士		天津医院高级护理职业学校		1938年1月

学校组织沿革

时间	校名	主要负责人
1937	西安临时大学医学院	吴祥凤
1938	西北联合大学医学院	蹇先器
1939	西北医学院	徐佐夏
1944	西北医学院	侯宗濂

长途跋涉　汉中办学

1938年3月，日军进逼山西风陵渡，陕西门户潼关告急。3月2日，国民政府军事委员会命令西安临时大学向汉中撤退。16日，日军对西安实施大规模的猛烈轰炸，西安临时大学撤离西安。全校2000多名师生按军事编制编为行军大队、分队、区队和106个小队，确定以沿途社会调查、军事训练、强身健体作为三大目标，坐车到宝鸡后，开始以徒步跋涉行军方式翻越秦岭。3月31日至4月4日，

1938年3月西安临时大学师生徒步翻越秦岭

各队师生陆续到达褒城，分三县四地办学。医学院暂借汉中联立中学校舍开学。4月3日，接教育部令，西安临时大学更名为西北联合大学（简称西北联大），开始了在汉中八年艰苦奋斗的办学历程。迁汉中之际，医学院院长吴祥凤因病辞职，皮肤病学教授蹇先器暂代医学院院长之职。

1939年2月，蹇先器正式任西北联合大学医学院院长，兼皮肤花柳科主任。

蹇先器（1893—1944）

蹇先器，1920年从日本千叶医科大学毕业回国，在北京医学专门学校创立皮肤花柳科并被聘为教授，是我国皮肤性病学奠基人之一。1938年3月，蹇先器出任西北联大建筑设备委员会委员、导师会常务委员、仪器委员会委员等职，积极参与建校事务。1938年4月，蹇先器接替吴祥凤代理西北联大医学院院长。在担任院长期间，蹇先器聘任大量有才华的医学专门人员来院任教，并领导制定临时附设诊所组织章程等，推动西北联大医学院在汉中得到不断发展。

1939年5月，因日本飞机频繁轰炸汉中，西北联大决定将医学院迁往农村。蹇先器院长亲自下乡查勘，选定城东马家庙、黄家坡等处为临时校舍。在他的组织领导下，仅用三天时间，医学院本部及低年级学生迁至马家庙一带，临时附属诊所及进入临床科实习的四、五年级学生转移至黄家坡文家庙内。临时附属诊所改称西北联大医学院附属医院，并办重伤医院，任命著名儿科教授颜守民为附属医院院长。蹇先器主持着手在马家庙和黄家坡修缮祠堂，修建草房，用作医学院和附属医院的食堂、教室和宿舍。在抗战国难时期，办学行医和生活条件极为艰苦，蹇先器与西北联大师生筚路蓝缕，克服极端困难，一方面竭力为抗战军民诊治疾病，另一方面坚持领导和参与医学教学，为保存延续光大中国医学教育不屈前行。

【校史故事】烽火淬炼　砥砺前行

转移到汉中后，医学院和附属医院教学医疗设施不全，条件极其简陋艰苦。1939年8月西北医学院独立后，前期部一至三年级学生在马家庙院部上学，食宿则散居附近村庄，女生食宿在刘家祠，男生食宿在孙家庙和杨氏祠，后期部四、五年级学生食宿在距文家庙二里的黄家坡，学生宿舍为竹片泥巴墙的草屋。教职工多住简陋校舍或分散租住在沿汉江的各村农舍里。学校雇有号手，每日以号声通知作息及上下课，师生们再从各村来院上班上课。一到冬季和雨天，师生们在潮湿阴冷中读书，在泥泞田间往返，苦不堪言；没有电灯，晚上靠点油灯或自制的土蜡照明读书；上课缺笔少纸，就用变色铅笔芯泡成"紫墨水"记笔记；教材匮乏，多是教授们编写油印的讲义，常常是多人共用一本教材，纸质也极差，多为发黑粗糙的土制纸；宿舍没有桌椅，读书写字都要到教室或是图书馆去，而图书馆总是挤满了人。

医学院和附属医院办学还经常面临日本侵略军的轰炸，1940年5月20日，十余架日军

西安临时大学迁至汉中马家庙

飞机轰炸位于黄家坡和文家庙的西北医学院及附属医院,投弹40余枚,火光四起、房倒屋塌。与学生同住在黄家坡的医学院教务长、耳鼻喉科教授杨其昌和四年级学生栾汝芹、陈德麻,以及当地百姓14人不幸被日寇的炸弹夺去了生命,之后日军的多次轰炸还炸毁了附属医院图书馆及十余间病房。在医学院蹇先器院长、徐佐夏院长和附属医院颜守民、王同观、赵清华等院长的先后领导下,医学院和附属医院在马家坝、文家庙修缮庙宇祠堂,并加盖了数十间草房,用作教室、实验室、门诊、病房、手术室和检查室。到1942年,医学院和附属医院已具相当规模,国内许多知名教授来执教或兼任教授,如外科圣手万福恩、组织解剖学教授王顾宁、药理学教授马馥庭、耳鼻喉科教授张济乡等,一些优秀的毕业生如王兆麟、霍炳蔚、黄国钦、张之湘、孙撷芬、李景颐、梁福临等留校任教,许多人后来都成为国内知名的学者。西北医学院成为大后方四大医学院之一,当时还向河南大学医学院、南通医学院等内迁的医学院提供医学基础教学和学生临床实习基地。

汉中为抗战时大后方重要的军事基地,还有许多转移而来的行政机构驻扎,附属医院作为陕南唯一的大医院和已具规模的教学实习医院,业务也较鼎盛。据1942年度统计,附属医院设各类病床80张,日门诊量在文家庙有80到100人次,门诊部迁城内汉台后达300人次。医院设有内、外、妇、儿、眼、耳鼻喉、皮肤等科室,配有手术室、检验室、调剂室、检查室等,在大后方极具名气,眼科、耳鼻喉科等都是陕南唯一的诊疗机构。

1939年西北医学院旧址

在汉中期间,西北联大医学院(西北医院)秉承"研究高深学术,培养医学专门人才"的办院宗旨,不忘担负西北医药最高学府之重责,在极艰难时的局中仍保持医学科学研究传统。附属医院院长王同观教授拿出自己的薪金,每学期资助两名成绩优异但家境困难的学生。教师们在教学之余,积极开展学术讨论和交流,针对图书教材和学术资料短缺问题,组织成立以教授为主的医学院医学抄读会,利用授课余暇,交流各自学识并介绍新医学,允许学生旁听。

迁陕8年期间,西北联大共培养大学本科毕业生2000余名,其中医学院培养本科毕业生285名,护士90余名。医学院坚持兴医办学,为抗战将士治病疗伤,输送学生支援抗战前线,为中华民族抗战胜利,特别是西北医学教育事业发展作出了卓越贡献。

【校史故事】徐佐夏:西北地区高等医学教育的拓荒者

徐佐夏(1893—1971)

徐佐夏教授受命于危难之际,在最艰苦的抗战时期担任医学院院长五年(1939—1944)时间,为医学院的建设发展作出不可替代的贡献。

徐佐夏,山东广饶人,1913年首批考入北京医学专门学校,1917年毕业。1919年赴德国柏林大学、图宾根大学和格赖夫斯瓦尔德大学学习药理学,获博士学位。毕业后在柏林药理研究所任教研员。1924年回国任北平大学医学院教授。1937年春再赴德国进修。1937年"七七"事变爆发,他闻讯回国参加抗战,同年9月来陕,参与组建西安临时大学,任药理学教授。1937年12月,徐佐夏担任领队,率领西安临时大学学生抗日宣传队步行辗转宝鸡汉中一带县城乡镇两个多月,宣传抗日救国,讲授防轰炸、防毒气知识,并为民众治病,受到当地民众的一致好评。1938年春,西安临时大学迁转汉中,奉教育部令改称西北联合大学,次年8月医学院独立设置,改称西北医学院,徐佐夏任西北医学院院长。他领导医学院和附属医院共克时艰,在汉中农村修缮祠堂庙宇,加盖草房,先后建成了数十间教室、实验室、图书馆、学生宿舍和食堂;为附属医院建成二十多间门诊病房、手术室、化验室和调剂室;主持修订《医学院组织大纲》《本院学则》《附属医院实习规则》等一系列规章制度;创办《西北医学院院刊》;成立地方病研究所、药物研究所,土法研制临床急需药物,使西北医学院成为国内著名的四大医学院之一。1944年春因学潮被当局免职,后应聘江苏医学院教授兼副院长,1951年调任山东大学医学院,先后任药理教研室主任、院长等职。1956年被评为国家一级教授。

随迁汉中的部分教师（截至 1939 年 6 月）

姓名	职称	专业	姓名	职称	专业
严镜清	教授	公共卫生学	陈作纪	教授	生理学
林畿	教授	法医学	毛鸿志	教授	病理学
徐佐夏	教授	药理学	王顾宁	教授	解剖学
陈礼节	教授	内科学	贾淑荣	教授	内科学
李宝田	教授	内科学	翟之英	教授	外科学
董克恩	教授	外科学	刘锡衡	教授	外科学
王同观	教授	妇产科学	徐幼慧	教授	妇产科学
蹇先器	教授	皮花科学	颜守民	教授	儿科学
厉矞华	教授	儿科学	隋式棠	教授	儿科学
陈学穆	教授	眼科学	刘新民	教授	眼科学
王景槐	教授	外科学	杨其昌	教授	耳鼻喉科学

西北医学院学制及课程体系

学年	课程
第一学年	党义，国文，第一、第二外国语及拉丁文，数学，普通化学，分析化学，物理学，战时救护训练，伦理学
第二学年	生物学，心理学，有机化学，胚胎学，解剖学，神经系统解剖学，组织学，生物化学，战时救护训练
第三学年	生理学，生物化学，药理学，细菌学，病理学，寄生虫学，战时救护训练
第四学年	物理诊断学，实验诊断学，内科学，热带病学，小儿科学，精神病与神经病学，皮肤花柳科学，外科学，放射学，中国医学史
第五学年	内科学，外科学，小儿科学，皮肤花柳科学，泌尿外科学，眼科学，耳鼻喉科学，公共卫生学，妇产科学，法医学，医师伦理
第六学年	内科类实习，外科类实习，妇产科实习，公共卫生实习

校园文化生活

在汉中办学时期，学校条件虽然十分艰苦，但学生业余生活比较丰富。学校不定期举办全校国语、德语演讲比赛；元旦与当地政府联欢、慰问荣誉军人及抗战将士家属，表演秦腔、杂技、国剧、音乐演奏等；举办夏季和冬季运动会；组织音乐队演出并在汉中各高校率先于南郑广播电台录播音乐节目；成立抗战后援会，师生们经常举办画展等各种抗日募捐活动，将募捐钱款用于支援前方抗战。

西北医学院第一届毕业生与老师合影

汉中办学时期的体育设施及体育活动

体育设施	篮球场4个,排球场2个,网球场1个,羽毛球场4个,双杠6付,单杠1付,跳坑2个
运动会比赛项目	男子组:100米、200米、400米、1500米、障碍物赛跑;急行跳远、三级跳远;徒手跳高、撑杆跳高;十二磅铅球、五十斤举重 女子组:50米、100米、障碍接物赛跑;救护比赛;八磅铅球;急行跳远;徒手跳高

三、扎根长安,造福西北(1945—1949)

1945年抗战胜利,西北医学院师生要求复校北平大学医学院(同期北平师范大学、北洋工学院等已部分复校京津),接收北平原址日伪改组成立的北京大学医学院。教育部派一位督学来汉中劝阻师生,请大家以发展大西北全局为重,留此为是。后经教育部批准,学校迁回西安。1946年8月,教育部电令:西北医学院汉中部分并入西北大学,改称西北大学医学院,侯宗濂任院长,附属医院改称西北大学医学院附设大学医院。8月中旬,西北大学医学院随西北大学迁设西安崇礼路(今西五路)。

1948年,解放战争进入转折时期,国民党军队在陕北溃败,开始将西安物资南运四川,同时令西北大学及医学院迁往四川。医学院多数教授和员工坚决抵制,成立了以教授职员为主的护校委员会和由工人、学生40余人组成的护校队,在中共地下工委的领导支持下,开展反迁校斗争,为西北地区完整地保留住唯一一所医学高等学府。

1948年西北大学医学院迁院周年纪念

1949年5月20日西安解放，中国人民解放军军管会接管学校，学校师生参加了第一野战军野战医院和西安后方医院救治伤员工作，并为解放军培训医务人员，为大西北的解放和抗美援朝贡献了力量。

陕西省立医学专门学校筹建于1938年4月，9月开始招生；1949年8月并入西北大学医学院，共计11年余历史。陕西医专学制为五年，上课四年，实习一年，招收高中毕业生。因战时需要，1942年学制缩短为四年，1946年恢复为五年。学校每年招收一个班级，共毕业8届288名学生。

学校组织沿革及校长

时间	校名	主要负责人
1946	西北大学医学院	侯宗濂
1947	西北大学医学院	汤泽光
1948	西北大学医学院	刘蔚同（代理）
1948	西北大学医学院	万福恩
1948	西北大学医学院	李之琳（代理）
1949	西北大学医学院（陕西省立医学专门学校并入）	侯宗濂

陕西省立医专沿革及校长

时间	校名	主要负责人
1938	陕西省立医学专科学校	薛健
1940	陕西省立医学专科学校	李赋京
1942	陕西省立医学专科学校	张善钧
1944	陕西省立医学专科学校	张迺华

1947年陕西省立医学专门学校同学合影

四、尚德尚医，砥砺前行（1949—2000）

中华人民共和国成立，医学教育迎来了发展的春天。1950年4月接中央人民政府政务院教育部命令，西北大学医学院独立建校，称西北医学院。1956年接教育部、卫生部通知改名为西安医学院。1985年升格为西安医科大学。截至2000年初，全校共拥有全日制在校生4100余人，形成由基础医学院、公共卫生学院、药学院、法医学院、第一临床医学院、第二临床医学院、口腔医学院、成人教育学院、护理学系、科技英语系、卫生管理系、生物医学工程系、社区医学系组成的完备的教学体系，并在全国首批设置临床七年制教育。2000年4月，西安医科大学与西安交通大学、陕西财经学院合并组建新西安交通大学，开启医学发展新篇章。

1956年西安医学院校门

历任党委书记、院长

侯宗濂　院长
1950年5月—1978年12月在任

魏明中　书记、第一书记
1954年8月—1963年4月在任

李广涛　书记
1957年11月—1962年11月在任

王维祺　书记
1963年—1966年在任

郎冲　书记
1973年1月—1979年7月在任

李齐夷　书记
1980年10月—1984年2月在任

王光清　院长
1980年10月—1986年5月在任

辛义恒　书记
1984年2月—1987年1月在任

任惠民　校长
1986年5月—1998年12月在任

卢希谦　书记
1987年1月—1988年8月在任

陈君长　书记
1990年10月—1997年11月在任

朱宏亮　书记、校长
1997年11月—2000年4月在任
1998年12月—2000年4月在任

【校史故事】西北医学领军人侯宗濂

侯宗濂（1900—1992）

　　侯宗濂，辽宁海城人，国家一级教授，著名生理学家、医学教育家。侯宗濂对医学生理学研究贡献卓著，被誉为"生理学大师"；他长期主政西北医学院（西安医学院），是西北医学界领军人，对西北医学教育发展贡献卓著。

　　侯宗濂1920年毕业于南满医学堂；1922年去日本京都大学进修肌肉神经普通生理学及生物物理化学；1926年获日本医学博士学位；1930年赴奥、德留学；1931年回国后，任北平大学医学院生理学主任教授。1937年应聘赴闽，创建福建医学院，任院长、教授兼生理学主任，后任福建研究院院长。1944年应邀来陕，出任西北医学院院长。1950年由中央人民政府任命担任西北医学院院长。1988年任西安医科大学名誉校长。他提出的"标准时值"概念、"兴奋发展过程阶段论"等对肌肉神经普通生理学的研究作出了重要贡献，解决了国际上许多学者长期探讨而未能解决的问题，被生理学界奉为经典。

　　侯宗濂担任全国第三、五、六届人大代表，全国政协第二、三届委员；陕西省人大第五、六届常委会副主任，陕西省政协第二至四届副主席。1979年主编《中国医学百科全书生理学分册》。

　　侯宗濂逝世后，遵其遗嘱，将骨灰分别葬于西安医科大学和他所创建的福建医科大学校园内。

教学改革大事记

1950年，根据中央卫生部、西北教育部的指示精神，学校顺利地进行了课程的改革工作。①缩短修业年限，实行新学制。原来实行六年制的四、五年级改为五年半毕业。②实行分科重点教育。医甲组设内科、外科、小儿科、妇产科四个学系；医乙组设公共卫生与眼耳鼻喉两个学系。③改进教学方法。④自己动手改善教学条件。

1958年11月，学校坚持"理论联系实际，基础与临床结合"原则，全面实行课程教学"分科循环，集中教学"模式改革，实现了基础与临床深度融合，开启了"人体系统"教学新模式。

1986年，学校在陕南三地举办三年制医学大专班，为基层培养"留得住，用得上"的医生，特别是在教学上尝试以问题为导向的教学模式（problem based learning，简称PBL），成为国内最早探索PBL教学的院校。

1988年4月，学校成为首批被国家教委批准试办七年制高等医学教育的15所院校之一。

1995年，学校举办医学留学生教育，是国内最早举办医科留学生学历教育（MBBS项目）的高等医学院校之一。先后招收来自巴基斯坦、尼泊尔、印度等36个国家和地区的学生，成为全国首家采用全英文教学的高等医学院校，毕业生培养质量受到了生源国卫生部门的认可。

国家级和陕西省精品课程目录

课程类别	课程名称
国家级精品课程	生理学、诊断学、法医学、妇产科护理学、护理学导论
省级精品课程	生理学、诊断学、人体解剖学、耳鼻喉头颈外科学、内科学、医学免疫学、医学微生物学、法医学、药理学、皮肤性病学、口腔内科学、口腔正畸学、药事管理学、妇产科学、儿科学、口腔修复学、急诊医学、分子生物医学、组织学与胚胎学、外科护理学

留学生在实习

1989年中美首届卫生管理硕士生毕业典礼

1994年护理教育发展项目首届护理硕士研究生班开学典礼

1999年首届MPH教育项目开学典礼

学科建设

1981年,学校被国务院学位委员会确定为首批博士和硕士学位授予单位。现有生物学、基础医学、临床医学、公共卫生与预防医学、药学、护理学6个一级学科博士学位授权点和生物学、基础医学、临床医学、口腔医学、公共卫生与预防医学、药学、护理学7个一级学科硕士学位授权点。拥有4个国家重点学科（生理学、法医学、泌尿外科、皮肤病与性病学）。

生理学国家重点学科

生理学科点始建于20世纪40年代，由我国生理学创始人之一的著名生理学家侯宗濂教授创建，是全国首批硕士和博士学位授予点；1978年获全国科学大会奖3项；2001年被教育部评为国家重点学科。

法医学国家重点学科

法医学科由我国著名法医学家胡炳蔚教授于1953年创建，该学科为法医学硕士、博士学位授权点；2001年被教育部评为法医学国家重点学科。1999年组建卫生部法医学重点实验室；2002年由陕西省司法厅审核并报司法部批准设立法医学司法鉴定中心。法医学科在法医物证、法医毒理及毒物分析、法医临床与法医人类学等研究方面已形成鲜明的学科特色，处于国内同类学科前列。

泌尿外科国家重点学科

外科学（泌尿外科）创建于 1954 年，在周宪文、刘女善、万恒麟教授等老一辈泌尿外科专家等几代人的不懈追求和勤奋努力下，至今已发展成为集医、教、研于一体的国内知名、西北领先的泌尿外科中心，为硕士、博士学位授权点；2007 年被教育部评为国家重点学科。该学科在泌尿系统肿瘤应用基础研究、肾脏移植临床及相关基础研究、泌尿腔内微创技术应用研究和男科学与生殖生物学研究等领域居国内先进水平。

皮肤病与性病学国家重点（培养）学科

皮肤病与性病学科创建于 1937 年，主要创始人为刘蔚同、刘辅仁、刘树德及邓云山教授，四人被誉为"三刘一邓"，在全国同行中享有盛誉。本学科为硕士、博士授权点。本学科在银屑病、遗传性皮肤病、色素性皮肤病、性传播疾病、结缔组织病、麻疯病、真菌病等的诊治和发病机理方面研究居国内先进水平。

学校从 1979 年开始招收硕士研究生，1981 年开始招收博士研究生，为国务院首批批准的博士、硕士授权单位，经过 20 余年的发展，为我国尤其是西部医疗卫生事业的快速发展和人民健康生活水平的提高发挥了不可替代的作用。

1982 年医学院首届研究生毕业合影

1988 年首届博士学位授予仪式

医府学人

侯宗濂 著名生理学家、国家一级教授

方亮
微生物学家、
国家二级教授

刘蔚同
皮肤病学家、
国家二级教授

董淑芬
口腔医学教授

隋式棠
儿科学教授

谢景奎
内科学教授

张同和
神经外科专家、
国家二级教授

刘绍诰
外科学教授

刘辅仁
皮肤学教授

杨鼎颐
内科学教授

刘新民
眼科学教授

霍炳蔚
传染科学教授

叶瑞禾
妇产科学教授

张道华
耳鼻喉科学教授

王秉正
妇产科学教授

钱致中
放射科学教授

陈向志
外科学教授

张保真
组织胚胎学教授

王世臣
内科学教授

莫东旭
大骨节病病理学教授

郭仁舆
组织胚胎学教授

梅俊
生理学教授

凌凤东
人体解剖学教授

卢兴
病理生理学教授

殷培璞
外科学教授

邵循道
医学英语学教授

胡炳蔚
法医学教授

李安伯
劳动卫生学教授

黄诒焯
生物医学工程教授

孟绍菁
全国"三八"红旗手、
外科学教授

陈君长
国家级有突出贡献
专家、外科学教授

张学斌
病理学教授

房益兰
微生物学教授

胡永升
口腔医学教授

毛磊
卫生管理学教授

【校史故事】西医外科学的开拓者张同和

张同和，山东潍县人，1928年毕业于北平协和医学院，获博士学位，曾担任青岛胶济铁路医院外科主任、南京军医学校教务主任兼外科主任。抗日战争爆发后，他参与组建中国红十字会第二大队十八医疗队并任队长，经中共地下党员介绍，在西安曾为不少秘密转到西安的八路军伤员进行手术治疗，并以并不丰裕的薪俸周济流亡的贫寒学生。1949年，应西北大学医学院之聘回西安，任西医外科学教授、外科学教研室主任及附属医院外科主任，主持外科教学和医疗工作。

张同和学识渊博，临床经验丰富，成果丰硕，为西北地区外科学和西北医学院外科教研室（包括之后第一、二附属医院外科）的建设发展、外科骨干人才的培养，付出了大量的心血和劳动，取得了突出成绩。他把自己多年收集的医学经典和自己购买的当时国内还不多见的医疗器械捐给了医院和科室。张同和带领外科的中青年医生开展多种新型手术，诸如胆囊切除、骨髓炎奥尔斯手术、股骨干骨折前田氏固定术等，特别是使用当时并不先进的器械成功地施行开颅术，受到国内医学界和卫生主管部门的赞扬。他为了治疗精神分裂症而进行的前额叶切除研究，取得重要成果，并发表《大脑额叶切开治疗神经分裂症104

例》。他以外科学方面的突出成就,成为陕西和西北地区西医外科学的开拓者之一。他的专著《脑瘤的诊断及治疗与神经外科患者的处理》、主要译作《贺门氏外科学各论》《实用神经外科学基础》,先后由上海广协书局、人民卫生出版社出版。

1966年1月3日张同和逝世。按照他生前的遗愿,捐献遗体并进行了解剖。他的心脏标本,现仍保存在西安交通大学医学部病理解剖教研室,供教学使用。

杰出校友

韩启德,中国科学院院士,九三学社社员、中共党员,医学硕士,教授。曾任全国人大常委会副委员长、第十二届全国政协副主席、九三学社中央主席、中国科学技术协会名誉主席、欧美同学会中国留学人员联谊会会长、中国红十字会名誉副会长、北京大学医学部主任等职。

韩启德1979年至1982年在原西安医学院攻读病理生理学研究生,后长期从事心血管药理学的基础研究工作。首先证实α1肾上腺素受体包含两种亚型,阐明并揭示两种亚型在药理学特性和信号传导机制方面的差异性,研究结果得到了国际学术界公认。编著《血管生物学》和《心血管药理学进展》等,发表科技论文250余篇。曾先后获卫生部、国家教委科技进步奖及国家自然科学奖等。

丛斌,中国工程院院士,曾任全国人大常委会委员、九三学社中央副主席、河北省政协副主席、河北省九三学社主委、河北医科大学副校长。医学博士,教授,法医学及病理生理学博士研究生导师,享受国务院政府特殊津贴。

丛斌,1986年至1989年在原西安医科大学法医学系攻读硕士研究生,师从我国著名的法医学专家刘明俊、胡炳蔚教授。迄今以第一完成人获国家科技进步一等奖1项、二等奖2项,省部级科技进步一等奖3项、二等奖4项、三等奖3项;主持国家及省部级科研课题42项,共发表学术论文340余篇,其中SCI收录71篇,主编《实用法医学》(500万字)等专著和《法医法学》等教材共7部。

贾伟平,中国工程院院士。现任上海市糖尿病研究所所长,国家基层糖尿病防治管理办公室主任,上海市政府参事。

贾伟平1978年、1993年获得西安医科大学内分泌代谢专业学士、硕士学位。长期致力于糖尿病精准诊疗、预警筛查、发病机制的研究及防治工程管理。获国家科技进步二等奖2项，省部级科技进步一等奖5项，主持国家重点基础研究发展计划（"973"计划）及国家重点研发计划等项目，作为通讯（含共同通讯）作者在国际权威期刊发表论文299篇，主编国际首部持续葡萄糖监测中英文专著。获何梁何利科学与技术进步奖、亚洲糖尿病研究协会亚洲糖尿病流行病杰出研究奖。

科学研究

医学研究坚持面向学科前沿，攻坚克难，以国家重大需求为导向，以服务人民为中心，在生理学、法医学、地方病、皮肤病、病理生理学、口腔颌面外科、心血管疾病、器官移植、流行病与卫生统计、药理学、药物分析等领域形成鲜明特色，取得许多重要研究成果。

重要科研平台

实验室	具体内容
卫生部、陕西省法医学重点实验室	1953年胡炳蔚、刘明俊先生创建法医学科，1996年全国首家法医学院成立，1997年陕西省法医学重点实验室批准成立，1999年卫生部法医学重点实验室（公安部、最高人民法院共建）批准成立，2001年全国首批唯一法医学国家重点学科
卫生部微量元素与地方病重点实验室	微量元素与地方病重点实验室1987年6月由原卫生部批准筹建，1990年4月建成验收，是我国主要地方病研究机构之一。先后承担"六五"到"八五"大骨节病科技攻关课题，20余项国家自然科学基金面上项目和2项重点项目，发表研究论文1000余篇，最高影响因子8.43，并入选"F1000论文"。获得省部级以上科技奖20余项，"硒与大骨节病关系研究"1996年获美国无机生物化学家协会"Klaus Schwarz"奖。参加制定和修订国家克山病临床诊断标准、大骨节病疗效判定标准等。在大剂量维生素C静脉注射治疗克山病心源性休克、补硒防治克山病与大骨节病、综合措施防治大骨节病、透明质酸钠治疗大骨节病等方面取得了显著的经济效益和社会效益
陕西省胃肠动力疾病研究重点实验室	陕西省胃肠动力疾病研究重点实验室始建于1987年，是全国最早创建的胃肠功能实验室之一，是1998年由陕西省教委、科委、计委批准的陕西省唯一的医疗卫生临床重点实验室。该实验室是全国消化病学胃肠动力学组组长单位之一

重要科研成果

针刺镇痛

侯宗濂教授在肌肉神经普通生理学及针刺镇痛原理等研究领域作出了重要贡献。他早年关于Fick间隙本质的研究在世界范围内引起了关注，提出并证明了"标准时值""标准电量"可作为正确反映兴奋性的指标及"兴奋过程发展阶段论"的学说，动摇了法国院士拉皮克提出的"时值"理论，在当时产生了重要影响。有关肌肉神经普通生理学及针刺镇痛领域的研究成果获1978年全国科学大会奖。

侯宗濂教授与同事合影

大剂量维生素 C 治疗克山病

1960年，学院科研人员提出的大剂量维生素C静脉注射治疗急型重症克山病的新疗法，使心源性休克病死率从80%下降到18.9%，这是我国克山病治疗研究中的重大突破。由学院首先提出的"水土病因"假说和补硒预防克山病方法，使大面积预防克山病获得成功，其研究成果先后获得1978年全国科学大会奖和1984年国际生物无机化学家协会"Klaus Schwarz"奖。

1978年获全国科学大会奖

1984年获国际生物无机化学家协会"Klaus Schwarz"奖

硒与大骨节病

通过多年实践研究，学院科研人员提出了低硒环境下病毒感染致大骨节病的复合病因学说，首先发明了硒盐防治大骨节病的方法，并通过在中国1600万人群中服硒盐取得了治疗大骨节病的良好效果；制定了我国大骨节病病理学诊断标准；开展了大骨节病关节功能重建和透明质酸钠治疗研究，为控制我国大骨节病作出了突出贡献；荣获1978年"全国医药卫生科学大会奖"和1996年"Klaus Schwarz"奖。

1978年获全国医药卫生科学大会奖

1996年获国际生物无机化学家协会"Klaus Schwarz"奖

口腔颌面成形

我国口腔颌面外科学奠基人之一、著名口腔颌面成形外科专家董淑芬教授在口腔颌面部先天性畸形的整复、颌面部肿瘤的手术治疗、外伤及烧伤后的整形治疗、颌面部器官再造和组织移植方面开辟了新路，并获得卫生部科学大会奖和陕西省科技成果一等奖。董淑芬教授1978年荣获全国科学大会先进个人称号。

头颈椎运动域测定仪

头部颈椎的运动是一种复杂的综合运动，在局部病患或康复过程中，往往需要测量头颈椎的各种运动度。陈君长教授于1981年研制成功了头颈椎运动域测定仪。该仪器是由一个可以伸缩的头盔在其顶端附以圆球状的测定装置构成，可以在测定装置上读出各方位运动域的角度数，即能客观、准确、方便地测量由于颈椎疾病所引起的颈部运动域受限程度。

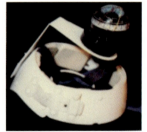

陈君长研制的头颈椎运动域测定仪及1988年荣获国家发明奖的证书

多抗甲素

多抗甲素是我国著名微生物学家方亮教授率先研制的新型免疫增强剂,能有效抑制肿瘤细胞的生长与代谢,调节机体免疫功能,改善机体的应激机能,提高机体的非特异性抵抗能力和抗辐射损伤能力。

1991年方亮荣获国家发明四等奖证书

心内血液吸引回收微栓

心内血液吸引回收微栓过滤多用器,是心脏直视手术时体外循环重要装置。该仪器功能齐全,集心内吸引、贮血器、预充液、预充血过滤器为一体,可有效滤去体外循环中有形物质,消泡功能满意,血球破坏少,氧筛板上不出现沉淀物,提高氧合效果,减少"灌注肺"和脑部并发症发生,提高了手术成功率。

郑国强发明的"心内血液吸引回收微栓过滤多用器"及1991年荣获国家发明奖的证书

社会医疗服务

附属医院积极响应国家号召,发挥医疗资源和专家技术优势,数十年坚持选派技术骨干和医疗团队赴西藏、新疆、云南、甘肃等地,培养医学人才,普及先进技术,为人民健康服务,受到当地政府的高度赞扬和群众的热烈欢迎。附属医院积极承担援外工作,20世纪70年代以来连续不间断派出数百名医务人员组建国家援外医疗队,为人民排患祛病,受到了所在国家政府高度赞扬。

【校史故事】毕生奉献新中国西北医疗事业的西医人

在突发公共事件、重大自然灾害等人民群众生命健康受到严重威胁的时候,附属医院医护人员，不畏艰险，挺身而出。从20世纪50年代起深入偏远山区攻克克山病、大骨节病、麻风病难关，到疫情防治等重大自然灾害的救治任务，大批医护工作者亲赴一线救死扶伤，彰显了医学人的大爱情怀和责任担当。我国著名皮肤病学专家邓云山教授，作为陕西唯一审定麻风病人治愈出院的专业医师，被评为"全国教育系统劳动模范"。我国著名骨科专家段培璞教授把一生献给大骨节病防治事业，陕西麟游县政府和杨家堡村为颂扬他的功绩分别立碑。殷教授逝去后，骨灰安葬在麟游县的夜凉山。

邓云山，宁夏人。我国著名皮肤病专家，1950年西北医学院毕业并留校工作。邓云山教授工作伊始就受命研究消灭和控制当时危害百姓健康而许多人避之唯恐不及的国家重大课题——麻风防治。他没有借口推辞，欣然接受，数十年如一日，不惧传染、不辞劳累，深入全省城乡山区和麻风流行中发病地区，进行麻风的流行病学调查，采取对策，制定防治规划。除此之外，邓云山教授还在陕西及全国11个省（市、区）进行培训班教学，到除西藏、黑龙江以外的各省（市、区）进行调研会诊，培养出一大批专业防治人员。

邓云山

邓教授为中国的麻风防治事业奉献了毕生的精力，深受基层麻风防治人员、疫区群众、麻风患者及家属的崇敬和爱戴，受到国际国内同行的好评和称赞，他多次被评为西安医科大学先进工作者，被九三学社评为先进个人；1981—1987年先后被卫生部地方病防治局、中国麻风防治协会评为全国麻风防治先进工作者；1987年被陕西省卫生厅评为麻风病流调先进工作者；1989年被国家教委、人事部、中国教工委评为全国教育系统劳动模范，同时被授予人民教师奖章；1990年被陕西省地病办、卫生厅表彰为全省麻风联合化疗先进个人；1990年获首届马海德奖；1991年起享受国务院政府特殊津贴。

殷培璞

殷培璞，陕西汉中人，1948年从西北大学医学院毕业，完成学业后被派往安徽省芜湖市弋矶山医院工作。当时弋矶山医院地处战争前沿阵地，但他毫不退缩，毅然留在医院救治受伤的解放军指战员。

抗美援朝期间，由于国家骨科人才奇缺，殷培璞于1952年被选送到天津医学院，在我国著名骨科专家方先之教授门下深造。1953年，他回到西安医学院任骨科主治医师。

1969年，殷培璞带领我省骨科专家深入全国各地，收集、整理民间正骨治伤验方2000余个，为挖掘、抢救我国骨伤科医药学遗产作出了重要贡献。1977年，西安医学院大骨节病研究室成立，殷培璞兼任主任，承担了大骨节病的防治研究工作。他在大骨节病的临床诊断与防治、流行病学等方面进行了比较全面、系统和深入的研究。

在20世纪70年代初期，殷培璞和同事们赴宝鸡市和咸阳市的山区开展地方病调查研究和防治工作。他常常翻山越岭、走村串户送药上门。从杨家堡村到崔木镇中心卫生院治疗点的小路，殷培璞走了成千上万回。也正是从那时起，他与宝鸡市麟游县等地方病区的山区人民结下了深厚的情谊。殷培璞和同事们经过30多年的努力，使困扰山区人民的"瘟神"——大骨节病得到了有效控制。

附属医院

第一临床医学院（第一附属医院）坐落在古城西安南郊大雁塔西侧，占地面积148000平方米。一附院是原西北医学院扩建时由当时附属医院分离而出，1954年奠基，1956年9月8日正式开诊。第一附属医院是国家原卫生部（今卫健委）管大型综合性三级甲等医院，是全国首批暨陕西省首家三级甲等医院、全国首批百佳医院。医院承担五年制、七年制、八年制及留学生的教学工作，是西北地区最大的一所集医疗、教学、科研、预防及干部保健为一体的现代化综合性教学医院。

第一临床医学院

第二临床医学院（第二附属医院）是国家原卫生部（今卫健委）管大型综合性三级甲等医院，是一所集医疗、教学、科研、康复及预防保健为一体的大型综合性医院。二附院创建于1938年5月2日，其前身是新中国成立前西北地区著名的西大医院，是由北平大学医学院及其附属医院在抗战烽火中内迁重建。第二附属医院位于西安市西五路中段，分南北两院，总占地面积102675平方米。

第二临床医学院

口腔医学院（附属口腔医院）成立于1985年，坐落在西安市繁华的商业中心西五路38号，是原卫生部（今卫健委）直管的集教学、医疗、科研、预防保健为一体的口腔专科医院，是西北地区口腔医学专业师资培训中心，是卫健委继续医学教育基地之一，是陕西省口腔医疗质量控制中心、陕西省牙病防治指导组挂靠单位。

口腔医学院

第十章　经世济民学以致用（1928—2000）

抗日战争时期，北平大学法商学院等内迁西安，联合其他院校组建西安临时大学。而后再迁汉中城固，更名为西北联合大学。此间，法商学院从未中断招生和教学，并在抗战胜利后迁回西安。西安解放以后，法商学院与陕西省立商业专科学校合并，成立西北大学财经学院。1954 年根据全国财经院校调整专业设置的通知，西北大学财经学院改组为西北大学经济系。1960 年在西北大学经济系的基础上成立了陕西财贸学院，1962 年与西安政法学院合并更名为西安政治经济学院，1963 年撤销西安政治经济学院，成立西北财经学院，1978 年重新定名为陕西财经学院。改革开放以后，学校进入了快速发展时期，直至 2000 年 4 月，与西安医科大学、西安交通大学合并组建了新的西安交通大学。

一、法商内迁，为国育才（1928—1960）

北平大学法商学院（1928—1937）

1928 年北平大学改组成立，1934 年 7 月平大法商学院成立，下设经济学系（其历史可上溯至 1909 年清政府创设的财政学堂）。白鹏飞院长秉承北大蔡元培先生"兼容并包""学术自由"的办学方针，先后延聘了全国许多进步学者和经济学家，为国家培育了大批财经专门人才，为学校留下了良好的学风和教风。

西安临时大学校徽

西安临时大学纪念章

"七七"事变后，京津地区一些高校的师生纷纷要求内迁，国民政府教育部于同年 9 月令北平大学、北师大、北洋工学院和北平研究院等校为基干内迁西安，联合设立西安临时大学。

西北联合大学法商学院（1937—1938）

南迁途中同学在木桥上小憩

1938年春，山西临汾沦陷，陕西关中门户潼关告急，法商学院师生和临大其他院系师生按行军编制，徒步迁往陕南汉中城固县，利用城固西关外原城固县立职业学校旧址进行教学工作。

1938年4月，根据国民政府行政院之《平津沪地区专科以上学校整理方案》，教育部令西安临大更名为西北联合大学。

这一时期的主要教员有：白鹏飞、陈启修、程希孟、寸树声、戴修瓒、何基鸿、胡善恒、黄得中、江之泳、李达、李浦、李绍鹏、李宜琛、刘鸿渐、刘鸿万、刘世传、刘彦、刘泽荣、沈志远、石志泉、汪耀三、王惠中、王之相、王治煮、徐绳祖、许德珩、尹文敬、余荣昌、章友江、左宗纶。

许寿裳
西北联大法商学院院长

1938年西北联合大学门壁

1938年西北联合大学法商学院教职员合影

【校史故事】行政法学家白鹏飞

白鹏飞，著名学者与民主人士，毕业于日本帝国大学，遍修兽医、统计、政治、经济、法律诸专业，留学11年，获得政治、法律等5个硕士学位，是我国早期的行政法学家。1924年回国后在上海、北京、广西的九所大学担任教授和校长，著有《行政法大纲》《行政法总论》《行政法各论》《法学通论》等著作。1931年起任北平大学法商学院院长有六年之久。

白鹏飞的办院方针和人才培养理念非常明确。正如他在1935年和1936年两次全院开学典礼讲话中所说："国家譬如一只船，学应用科学的人，犹如摇桨的，学社会科学的人，犹如把舵的，试问船舶如果没有把舵的，它能按所定方向前进……本人自二十年（1931年）

白鹏飞

掌院以来,数年中,国家多事,当东北事变发生,继又上海之役,侵及长城喜峰口,以迄塘沽协定,华北已成为第一道国防线,深觉治学应平时培养有用人才,以备应付非常时期之需要。人生本来就是斗争,尤其在为国家造成智勇兼优的斗士,送到前线上和压迫我们的敌人去斗争,使民族复兴起来,这种责任,凡属国人,义不容辞,同时也是本学院治学的目标。"学风方面,他提出全院"要敦品、要力学"六字学风,他讲道:"因为敦品是良好学风的具体表现。同时,又不要忘记研究社会科学者的重大的使命,要力学。因为社会科学的领域极其广大,社会科学的对象又是那样的深奥与复杂,不努力刻苦地学习是不行的。"在教学中,他认为"过去中国教育制度最大的错误在于完全注重教室讲授。"因此,他提倡理论与实践并重,于1934年建成法商学院政治、经济研究室,在教授指导下培养学生课余研究现实问题的能力。同时,他还指出:"欲研究高深的学问,非直接阅读外国书籍不可。"他说,中国科学书籍极缺乏,译本少,而翻译错误又多,因此他要求学生至少在一、二学年以内,达到阅读一两种外语的能力。此外,他还强调学生要注意体育。他说:"没有健康的体格,也不会有健康的智慧。""希望各同学将求知识与体育锻炼同样重视,并成智勇兼备的斗士,去负责复兴民族的责任。"

西北大学法商学院(1939—1949)

1939年8月,国民政府教育部令改国立西北联合大学为国立西北大学,除文理、法商两学院归属西北大学之外,其他各学院先后分别独立设校。

城固时期的法商学院,包括经济学系、商学系,法律学系和政治学系,由于该时期官僚资本主义的发展,经济系和商学系的学生就业比较容易,因此,法商学院的学生规模居全校首位,约占全校半数。

1946年7月,西北大学迁返西安,同年9月正式开学上课,法商学院仍设经济、商学、法律、政治四系。杜元载任法商学院院长,罗章龙任经济系主任,孙宗钰任商学系主任。

1943年法律、经济、商学三系部分毕业生合影

【校史故事】政治活动家罗章龙

罗仲言

罗章龙，湖南浏阳人，著名的政治活动家，中共早期领导人之一，老一辈无产阶级革命家、政治家。1915年入长沙长郡中学，与同在长沙就读的毛泽东结为好友，被称誉为"管鲍之交，后无来者"。五四运动爆发后不久，在李大钊的指导下，他参加创建了北京共产主义组织，成为中共最早的党员之一。1921年中国共产党正式成立后，罗章龙任北京大学支部书记，中共北京区委委员。曾与陈独秀、毛泽东等共同主持中共中央的工作，是中共"三大""五大"中央委员，"四大""六大"中央候补委员。

1934年起，他在河南大学开始了教学生涯，任河南大学经济系教授，不久辗转至西北大学任教，化名罗仲言，著有《中国国民经济史》《欧美经济政策研究》《经济史学原理》。其中《中国国民经济史》两册，1944年由商务印书馆出版，国民政府教育部核准列入大学丛书。该书获得了1945年教育部学术审议会奖金，博得了国内出版界、经济学与史学专家的一致好评。而后他又于湖南大学继续教学工作，直至全国解放。

1953年全国高等学校院系调整时，他调至武汉中南财经学院（后改名湖北大学）。十一届三中全会后，罗章龙奉调北京，被增补为全国政协委员并担任中国革命博物馆顾问。

西北大学财经学院（1949—1954）

1949年8月9日，中国人民解放军西安军事管制委员会令"西大法商学院及其法律系、政治系停办，保留经济系、商学系与陕西省立商业专科学校合并建立西大财经学院"。西北大学财经学院于9月2日成立，学院荟萃了法商学院经济系、商学系和省立商专银行科、会计统计科、工商管理科的主要经济学专家教授，设有财政金融系、企业管理系、会计统计系。

西北大学经济系（1954—1960）

1954年7月，根据全国财经院校调整专业设置的通知，西大财经学院撤销，原财政金融、企业管理、会计、统计四个系合并为一个经济系。同年9月经济系正式成立，设工业经济、工业会计、工业统计三个专业。

这一时期的著名学者有：段文燕、冯大麟、何炼成、洪德官、兰贞亮、李述礼、刘大鸿、刘泽膏、梅一芹、钱祝钧、宋锦剑、王含英、王廷贵、吴敏、邢润雨、许崇熙、袁若愚、张钧华、张宣、赵毅民、甄瑞麟、周壁书。

复员西安后的西北大学校门　　　　　　复员西安后的西北大学校景

二、独立建院，六次更名（1960—2000）

1960年，陕西财贸学院正式成立，其基础为西北大学经济系。1962年与西安政法学院合并成立西安政治经济学院。1963年，经国务院批准，西安政治经济学院撤销，同时成立西北财经学院。1971年西北财经学院撤销，1972年6月与陕西省财会学校合并成立陕西省财经学校。1978年4月，经国务院批准，在原址恢复更名为陕西财经学院，直至2000年西安交通大学、西安医科大学、陕西财经学院三校合并。

历任书记、院长

宋醒民　书记、院长　　　　王一鸣　书记、院长　　　　陆建平　书记
1961年5月—1969年1月在任　1972年5月—1982年6月在任　1980年6月—1983年6月在任

戴居人　书记
1983年6月—1985年9月在任

冯大麟　院长
1982年6月—1985年9月在任

白均年　书记
1985年9月—1990年10月在任

肖彦芳　院长
1985年9月—1990年10月在任

史东发　书记、院长
1990年10月—1997年6月在任

周纪信　书记、院长
1997年6月—2000年4月在任

陕西财贸学院（1960—1962）

1960年5月，陕西省人民委员会批准在西北大学经济系的基础上建立陕西财贸学院。

1960年陕西财贸学院专业设置

科系	工业经济系	贸易经济系	财政信贷系	粮食经济系	会计系	统计系
专业	工业经济专业	贸易经济专业	财政专业 信贷专业	粮食仓储专业	工业会计专业 贸易会计专业	工业统计专业

1963年陕西财贸学院四年级全体党员合影

全校有教师83人，其中有欧美留学归来的博士和双博士，以及我国自主培养的知名学者、教授，为财经各专业的发展打下了良好的专业基础。这一时期的主要教师有：鲍文俊、曹侠、崔俊壮、段斌、段文燕、冯大麟、高颖仲、呼杰三、霍本枝、贾生鑫、江其务、兰贞亮、刘不同、刘承镶、刘大鸿、刘昊、刘世爵、刘泽膏、刘治环、柳玺、吕其鲁、彭逢瑞、钱祝钧、宋锦剑、宋寿昌、王海北、王含英、吴敏、吴宗汾、徐永福、许崇熙、杨宗昌、袁若愚、张耀辰、赵景华、甄瑞麟、周尚田。

段文燕

刘大鸿

刘世爵

刘泽膏　　　兰贞亮　　　钱祝钧　　　宋寿昌

王含英　　　吴宗汾　　　甄瑞麟　　　吕其鲁

西安政治经济学院（1962—1963）

1962年7月，陕西省委决定裁并陕西财贸学院和西安政法学院，成立西安政治经济学院，保留原财贸学院中的工业经济、贸易经济、财政信贷和统计4个专业。1963年底西安政治经济学院为国家培养输送了第一届也是最后一届毕业生341人，其中财院本专科毕业生91人，完成了它短暂的历史使命。

西安政治经济学院没有校长签章的毕业证书

西北财经学院（1963—1972）

1963年8月3日，国务院批准陕西省人民委员会《关于撤销西安政治经济学院，建立西北政法学院和西北财经学院的报告》，同时确定西北财经学院改由国家商业部与陕西省双重领导，以商业部为主的领导体制。1963年9月西北财经学院迁至西安市南郊大雁塔西侧翠华南路新校址。

西北财经学院校徽

1963年西北财经学院专业设置

科系	工业经济系	贸易经济系	财政信贷系	统计系
专业	工业经济管理专业 工业会计专业	贸易经济专业	财政专业 信贷专业	统计专业

1964年西北财经学院财政金融系首届毕业同学师生合影

西北财经学院学生证

西北财经学院毕业证书

西北财经学院校门

西北财经学院统计系《工业统计学》

西北财经学院工业经济系会计教研组《计算技术》

陕西省财经学校（1972—1978）

1971年，西北财经学院撤销。1972年6月12日，陕西省委、陕西省革委会决定，恢复陕西省财经学校和陕西省商业学校，西北财经学院贸易经济系教师、干部及图书资料、实验设备等交给省商业局，成立陕西省商业学校；其他人员和校产与陕西省财会学校合并成立陕西省财经学校，由陕西省革委会财政局领导。学校成立后，在校内外举办了各种短训班106期，培训各类在职职工万余人，编写教材30余种，其中吴宗汾等人编写的《物资统计》教材，受到当时国家物资总局的高度评价，并印发全国使用，有力地促进了陕西的经济建设。

1972年专业设置有：企业财务会计专业、计划统计专业、金融专业、财政专业。

陕西省财经学校校徽

陕西省财经学校会计专业师生合影

陕西省财经学校学生名册

袁若愚（1904—1969），原名秋成，陕西澄城雷家洼乡袁家河人。1919年以第一名的成绩考入省立一中，并以优异的成绩毕业。1928年考入南京中央政治大学，1930年得杨虎城资助，东渡日本，考入东京帝国大学农业经济系。1934年，杨虎城召他回国创办蒲城尧山中学，并任校长。在当时，尧山中学教学质量、民主氛围均属全省一流。西安事变后，袁若愚随杨虎城到上海，在杨虎城出国后，他又回到陕西，先后在西安女师、西安高中、三原中学、兴国中学任教。1942年，他调至省立商专、药专任教。1947年起于西北大学任教授，

袁若愚

任校务委员兼财经学院院长、企业管理系主任、总务长，西北财经学院教授、院务委员，同时任西安市各界人民代表会议代表、人民政协委员、历届人民代表大会代表、民盟西安市委员会主任委员、民盟陕西省委员会副主任委员。

冯大麟

冯大麟，1920年出生于四川康定，1934年进入康定简易师范学校学习，1938年师范毕业后投身抗日活动。1940年他进入四川巴景界石坊边疆学校继续学习，仅仅在一年时间内就学完了高中三年的全部课程。1941年就读于重庆中央政治大学，获得法学学士学位，1945年于南京中央政治大学继续攻读哲学专业研究生，1948年赴美留学并获美国犹他大学经济学硕士学位。历任西北大学副教授、财政金融系副主任，西北财经学院副教授，陕西财经学院副教授、教授、副院长、院长，中国金融学会第二、三届常务理事，中国金融战略研究会主任，陕西经济学会副会长。著有《推进国民经济技术改造》、合著《中国工农平衡发展问题》、合编《企业经济活动分析》，他长期从事金融学、投资学、国民经济计划学和会计学的教学与研究。

陕西财经学院（1978—2000）

改革开放伊始，陕西财校领导小组申请恢复财经学院。经陕西省高教局转报教育部，1978年4月28日国务院正式批准，学校更名为陕西财经学院，在闻名中外的西安大雁塔西侧继续办学。

1979年1月8日，教育部（1979）教计字006号文批复："经国务院批准，将陕西财经学院改由中国人民银行和陕西省双重领导，以中国人民银行为主。招生分配面向大区兼顾全国，发展规模暂定三千人。同中国人民银行对口的专业与其它专业都要相应发展，各占总规模的百分之五十，毕业生分配按中国人民银行与陕西省协商比例安排。"

陕西财经学院校门

陕西财经学院校徽

1978年陕西财经学院专业设置

科系	金融系	财政系	会计系	工业经济系	物资经济系	经济法学系	经济学系
专业	货币银行学 国际金融保险学	财政学 理财学 房地产经营与管理	会计学 审计学	工业经济 国际企业管理 企业管理 投资经济	物资流通管理	国际经济法	国际经济

科系	统计系	贸易经济系	财经文秘系	财经外语系	银行管理工程系	管理科学系	
专业	统计学	商业经济 工商行政管理 市场营销 国际贸易	文秘教育	国际经济 商务英语	经济信息管理		

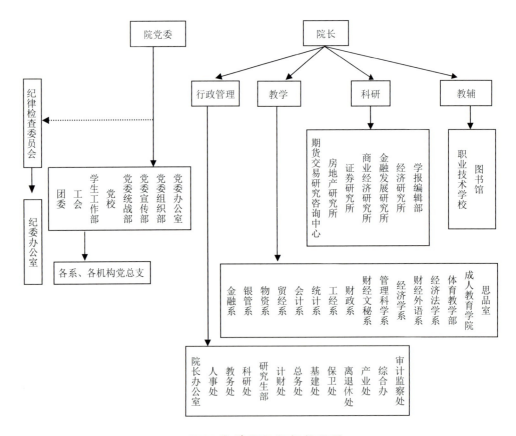

1978年学校组织机构设置

甄瑞麟（左2）、吴宗汾（左1）、段文燕（右2）、宋寿昌（右1）、邢润雨（右3）

薛峰、张俊瑞

彭逢瑞（前左）、宋锦剑（前右）

曹侠　　　陈逢吉　　　陈克武　　　邓元明　　　杜彪

江其务

江其务，我国著名经济金融学家、金融教育家，1951年毕业于南华大学银行专修科，曾任教于陕西财贸学院、西北财经学院、中国金融学院、陕西财经学院、西安交通大学。1981年起先后担任陕西财经学院金融系主任、副院长等职金融专业的学术带头人；是1986年在陕西财经学院创建了第一个博士点，被国务院批准为第三批博士生导师，是学校第一位博士生导师。

他在金融界的长期奋斗和努力获得了社会的广泛认可和尊敬，被誉为我国银行信贷管理学科的开拓者和奠基人、我国传统金融向现代金融转变过程中继往开来的集大成者，培养的百余名金融博士，如今绝大多数正在我国银行、证券、保险、基金、教学科研等领域的领导岗位上发挥着重要作用。他的《银行信贷管理学》《中国金融改革与发展》《江其务文存》等著作在我国金融学科的建设过程中具有里程碑式的作用，产生了广泛而深远的学术和社会影响。他的学术成就和理论贡献被收入《中国当代经济科学学者辞典》、英国剑桥《国际名人传记辞典》、美国《国际名人事迹指南》，并获美国传记协会1994年度"世界终身成就奖"。

江其务教授部分证书

闵宗陶

闵宗陶，我国著名经济学家，也是我国社会主义物资价格理论的核心奠基人，曾任陕西财经学院副院长、《当代经济科学》主编、中国人民银行总行学术委员会委员、国家计委政府价格工作专家咨询委员会委员等。曾先后荣获陕西省政府先进工作者、中国金融教育基金会优秀教师、陕西省教委优秀博士生导师等称号。

1954年，闵宗陶于东北财经学院毕业后，积极响应党中央支援大西北的号召，投身于西北，先后在西北行政委员会外贸局、陕西省外贸局和进出口公司工作。1963年中国人民大学研究生毕业之后，于西北财经学院任教，投身高等财经教育事业。他先后主编、参编出版多部专著、教材，主编的《物资价格学》被多所高等院校采用，产生了广泛的社会影响；他发表论文近百篇，多项成果获省级以上社科优秀成果奖和省级科技进步奖。闵宗陶是我校产业经济学博士点的创始人，在他的带领下，产业经济学博士点顺利获得国务院学位办的审批，他也成为我校国务院学位办审批的产业经济学博士点的第一位指导教师。桃李满天下，春晖遍四方。2012年，来自全国各地的学子共同捐资设立"闵宗陶教育和科研奖励基金"纪念恩师、感恩母校。

邢润雨

邢润雨是我国金融理论发展的奠基人，对金融教育和金融理论的发展功勋卓著，被誉为中国金融鼻祖，在国内外金融领域享有崇高的学术威望。他1935年毕业于北平大学法商学院，1937年在日本帝国大学研究生毕业。1937年起从教，曾任广西大学、山西大学、河南大学、西北大学、西北农大、铭贤学院、陕西财经学院等多所大学的教授、系主任等职。

大学时代他曾为陈豹隐、李达等早期著名学者笔录与编写了《经济学讲话》《社会学大纲》等著作。在日本帝国大学留学时期，他接受马克思经济学说，受到日本著名经济学家河上肇、那须皓的影响，回国后即从事马克思《资本论》的教学与研究，成为当时国统区高校讲授马克思理论的极少数教授之一。他一生就业从教，高居学术巅峰，为我国的金融教育事业废寝忘食，对科研发展精益求精，不懈奋斗70余载，开设了多门前沿课程，编写出版了一批具有思想性的学术著作，培育了一批国内著名金融学者、金融业务骨干和大批金融工作者，有金融教育界的泰山北斗之誉！

杨宗昌

杨宗昌，我国著名会计学家，是新中国会计学承上启下的代表人物之一，是原陕西财经学院会计学科的奠基人、国家有突出贡献的专家及西安交通大学首届"伯乐奖"获得者。

1951年他毕业于西北大学财政金融系并留校任教。1952年被选送到中国人民大学财政系研究生班学习，1955年毕业后回校继续任教。他在会计理论研究方面造诣深厚、著作丰硕。原中国注册会计师协会秘书长丁平准先生称赞杨教授是西北会计界的鼻祖，他为会计理论研究与教学工作所作的贡献，已成为我国高等会计教育事业的宝贵财富，被载入《中国当代著名会计学家传略》一书。

改革开放以后，他结合我国会计改革和发展实际，发表论文百余篇，出版了多部专著与教材。喜看桃李争芬芳，甘当人梯扶奇葩。多年来，他培养过的莘莘学子，大多数都已成为我国会计学术界与实务界的业务骨干，其中更有许多已身居领导岗位，在各行各业为国家的建设事业发挥着重要作用。1978 年陕西财经学院复校，杨宗昌受任会计系主任，彼时会计系只有 8 位老师，在他的苦心经营之下，师资队伍逐步壮大，年轻教师快速成长，教学水平显著提升。

教学科研大事记

复校以来，学校陆续提升办学条件，改善教学环境，加强对外交流，优化师资队伍。同时十分重视科研工作，坚持科研为源、教学为流，以科研促进教学质量的提高，科研联系实际，服务于社会。

1979 年，创办了《陕西财经学院学报》（后改名为《当代经济科学》）。

1980 年，国务院学位委员会第一批批准工业经济、商业经济、财政、会计、统计、金融、物资财务会计、物资经济 8 个专业学士学位授予权。同年，学校成立了研究生部。

1981 年，学校招收首批硕士研究生，并创办了《当代经济译丛》。

1982 年，国务院学位委员会批准工业经济、财政、金融、统计 4 个学科硕士学位授予权。

1985 年，获批贸易经济、工业财务会计、物资经济 3 个硕士点。

1986 年，经国家学位委员会批准建立银行货币学博士点。

1986 年，成立经济研究所。

1986 年，开展首次科研成果评奖活动。

1987 年，招收首批博士研究生。

1988 年，召开第五届科学讨论会。

"八五""九五"期间，根据建立市场经济体制的需要，学校加强重点学科和重点课程的建设，调整改造了一批老专业，增设了一批适应新需要的应用学科和新兴专业。

1993 年，获准增设商业经济博士点和西方经济学硕士点。

1994 年，获准开办注册会计师专门化方向，为全国 17 所举办该专业的高校之一。

1995 年，获得研究生单独考试及 3 个博士学位和 10 个硕士学位授予权。

1998 年，实现博士后科研流动站零的突破，新增西北地区唯一的应用经济学博士后科研流动站；获准增设会计学博士点，经济法学、管理科学与工程 2 个硕士点；取得在职人员以同等学力申请硕士学位授予权、国家经贸委和陕西省 MBA 办学招生权。

主办的部分刊物

1978年6月全国《商业计划》教材编写组合影

1985年6月8日陕西财院学生经济学会第四届理事顾问会员合影

1988年5月1985级研究生答辩会

1989年首届博士论文答辩会

1998年11月7日金融工程研究中心成立

1999年4月1日举行教学成果奖评审会

1998年6月1日召开科研工作会

部分省部级优秀成果证书

部分电教成果

陕财物资系十五周年·商贸经济研究所成立留念

货币陈列室

截至1990年底，全校共出版专著20余部，编写教材200余部，发表论文、译文1800余篇，承担国家和省级研究课题35项，有100多项科研成果获得奖励。"九五"期间，共完成专著16部、教材336种，发表各类论文1031篇；有13人经国家人事部批准享受国务院政府特殊津贴。1998年共获得省部级优秀科研成果奖18项，其中陕西省第五次哲学社会科学优秀成果奖 17 项（一等奖 2 项，二等奖 1 项，三等奖 14 项），第四届全国统计科学技术进步奖（三等奖）1 项；新申报获批立项国家哲学社会科学研究规划基金项目 3 项，中央其他各部门社科研究项目 15 项；在国内外学术期刊发表论文 689 篇；主办的学术期刊《当代经济科学》在中国人文社会科学引文索引（CSSCI）来源期刊的首次遴选中即入选，在全国经济研究领域的知名度与影响力日渐增强。

学校设立的科研机构有：房地产研究所、经济研究所、金融发展研究所、商业经济研究所、证券研究所、期货交易研究咨询中心。

对外交流大事记

1982 年，邀请香港中文大学工商管理学院院长闵建蜀教授来校举办为期三周的市场学讲习班。

1983 年，受中国人民银行总行委托，学校在咸阳举办国际货币政策讲习班，以国际货币基金组织提西尔为首的 7 名外国专家教授前来讲学三周，学校部分教师和研究生参加了学习。

1983 年，邀请美国田纳西州金融联谊公司董事长黄淑芬来校讲学两周。

1983 年，聘请美籍教师洛伦·纳尔森来校任教。

1984 年，经中国人民银行总行批准，由院长冯大麟任团长组成金融经济教育考察团赴美国对美国德克萨斯州立大学、哈佛大学等高校进行访问，分别就教授互访讲学、留学生派遣和学术资料交流等问题进行了商谈，这次考察为学校以后的国际交往和学术交流奠定了基础。

1985 年，经上级批准，学校派段文燕等教授对香港中文大学等高校及研究机构进行考察访问。

莫斯科大学代表团来校学术交流

学术代表团访问英国曼彻斯特商学院

1984年10月冯大麟、宋寿昌、钱祝钧、贾生鑫教授作为总行金融经济教育考察团成员赴美国考察

1986年美国教师来校讲学

1985年,邀请美国田纳西州大学经济管理学院美籍华人李逢耀教授来校讲学一周。

1986年,聘请美籍教师保罗·史皮勒来校讲授国际市场学、国际贸易两周,以此带动各专业开设国际金融学、国际企业管理、国际会计、市场统计学、国民经济核算等新课程。

"九五"期间,学校不断扩大对外交流,进一步同美、英、法、俄、日、澳、加、德、匈等国家的高校建立了校际交流合作关系,邀请国外近百名学者来校讲学,并向国外派出百余教师进行学术交流。

陕西财经学院与德州理工大学商学院国际教育交流项目

校园文化生活

20世纪90年代翠华校区校门

首届计算机知识大赛

1981年冬季越野赛

1982年模拟经济法庭

1984年12月学生经济学会咨询服务现场

1986年7月体操队在上海参加财经院校体操比赛

1996年参加西安市"猴王杯"元旦越野赛

1998届毕业生捐建的烛光台

1994年9月19日首届研究生联谊会留念

1995年10月18日学校校庆留影

以举办大运会为契机，全面推动学院建设

为了加快学校各方面建设步伐，改善办学条件，1991年9月，学校正式向陕西省人民政府和中国人民银行总行递交了承办第五届全国大学生运动会主赛场的申请。1992年11月到1993年2月，学校领导多次前往省政府、省教委、北京总行商谈申办工作。随后，陕西省人民政府下发了《关于同意陕西财经学院承

雁塔西路新校区校门

陕西财经学院大运会时期纪念校徽

办第五届全国大学生运动会主赛场的通知》，1993年2月13日，中国人民银行决定同意陕财承办主赛场。1994年1月18日，江泽民同志为大运会亲笔题词"发展学校体育运动　促进社会主义精神文明建设"；李鹏同志题词"发展学校体育运动　提高学生健康水平"。

1996年，在陕西省政府和中国人民银行总行的支持下，学校新区顺利完成了第五届全国大学生运动会主赛场建设并成功承办大运会开幕式。全国各大媒体对主赛场的奠基以及开幕式做了大量新闻报道，提高了学校的声誉和影响力，也加快改善了学院的基础建设。

江泽民同志为大运会题词

大运会新闻发布会

1996年8月第五届全国大学生运动会开幕式

第十一章 续写世纪新篇章（2000—2012）

新世纪伊始，经国务院批准，西安交通大学与西安医科大学、陕西财经学院合并，形成以理、工为特色，涵盖理、工、医、经、管、文等 10 个学科门类的综合性研究型大学。学校坚持以"三个代表"重要思想和科学发展观为指导，依托国家重点工程建设，深化改革，坚持立德树人，实施人才强校战略，主动服务科教兴国、西部大开发战略和建设创新型国家目标，矢志奋斗创建世界知名高水平大学。

一、三校合并，开启开发西部新篇章

2000 年 4 月 11 日，经国务院批准，分属于教育部、卫生部和中国人民银行的西安交通大学、西安医科大学、陕西财经学院合并组建新的西安交通大学。三所学校合并实现了优势互补、资源优化，使学科结构更趋合理。西安交通大学新增医学、经济两大学科门类，成为一所涵盖理、工、医、经、管、文、法、哲、教、艺 10 个学科门类的综合性研究型大学。

2000 年 4 月 17 日三校合并大会隆重举行

博士点、硕士点一览表

类别	合校前（1999年）	合校时（2000年）	合校后（2021年）
博士学位授权一级学科	9	14	32
硕士学位授权一级学科	9	14	41
专业学位类别	2	6	27

2000 年 4 月教育部关于西安交通大学等三校合并决定的文件

二、加强党的领导，建设世界知名高水平大学

加强党的领导，坚持科学发展观，主动服务西部大开发战略，全面推进党的先进性建设和执政能力建设，实施人才强校战略，重点推进"985工程"，深化教育教学改革，进一步提高人才培养质量，提升科研创新与服务社会经济发展的水平，努力建设世界知名高水平大学。

办学人物

党委书记 王建华　　　　　　校长 郑南宁
2003年8月—2014年4月在任　　2003年8月—2014年4月在任

党的建设

坚持开展全党集中性学习教育，开展"讲学习、讲政治、讲正气"教育、保持共产党员先进性教育活动、深入学习实践科学发展观活动等，进一步引导广大党员强化党性修养，加强作风建设，推进自我革命，永葆旺盛的战斗力和青春活力。

2005年8月学校召开保持共产党员先进性教育活动动员大会暨报告会

2009年学校举行深入学习实践科学发展观活动总结暨满意度测评大会

坚持以邓小平理论和"三个代表"重要思想为指导,认真贯彻落实科学发展观,坚持党委领导下的校长负责制,严格执行"三重一大"决策制度,紧密围绕学校改革发展稳定的重大问题,持续加强校院两级领导班子建设,积极推进学校党建工作。启动并推进学校章程建设,完善学校治理结构,提高学校管理的科学化水平。

2002年6月中共西安交通大学第十次代表大会召开。会议主题是:高举邓小平理论伟大旗帜,认真实践"三个代表"重要思想,大力加强党的建设,全面实施"十五"发展规划,为把学校建成世界知名高水平大学而努力奋斗

2004年4月学校面向海内外公开选聘副校长,这在国内尚属首次(图为公开选聘副校长就职新闻发布会)

2006年9月中共西安交通大学第十一次代表大会召开。会议主题是:以邓小平理论、"三个代表"重要思想和科学发展观为指导,推进学校党的先进性建设和执政能力建设,动员和带领全校共产党员和全体师生员工为完成学校"十一五"规划,建设世界知名高水平大学而奋斗

2007年5月，为激励先进，树立典范，推进管理队伍职业化、专业化，由校精神文明建设办公室和机关与直属单位党委联合组织的"管理服务标兵"与"管理服务能手"评选暨表彰大会举行

2009年3月，学校启动实施《深入贯彻落实科学发展观行动计划》，包括教育教学卓越计划、人才强校推进计划、学科建设提升计划、科研体制改革计划、海外合作交流计划、社会服务推进计划、资源配置优化计划、管理体制创新计划共八项，简称"八大行动计划"

2011年6月学校举行庆祝中国共产党成立90周年暨表彰大会

2012年4月学校举行党风廉政建设工作会议

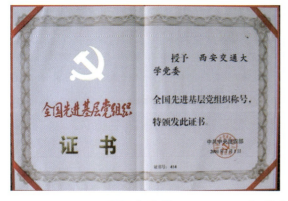

学校党委于2001、2006年荣获"全国先进基层党组织"称号

推进"985工程"建设

1999年学校首批进入"985工程"建设。按照"统筹建设、分类分层次建设"思路，经过3个建设周期的努力，学校在新兴交叉学科、拔尖人才培养、高层次师资队伍、高水平国际交流合作等方面取得显著成效。

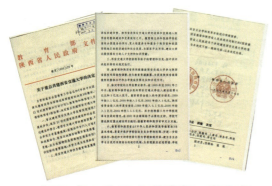

1999年9月17日教育部、陕西省联合发文《关于重点共建西安交通大学的决定》，支持创办世界知名高水平大学

2009年10月9日举行一流大学建设系列研讨会，C9高校签订《一流大学人才培养合作与交流协议书》

2010年12月前沿科学技术研究院挂牌成立。前沿院研究领域涵盖物理、化学、生物、生命科学、基础医学、材料科学等多门基础学科，采取"学术特区"管理模式（图为2012年5月17日《人民日报》报道前沿科学技术研究院）

根据教育部学位与研究生教育发展中心第三轮学科评估结果，西安交大机械工程、动力工程及工程热物理、电气工程、管理科学与工程、工商管理5个学科得分位次进入前5%或第一位，控制科学与工程、数学2个学科得分位次进入前10%或前两位。其中，西安交大工商管理学科整体水平得分在115个参评高校中居于首位（图为2011年4月，"985工程"第一批学科建设项目启动）

三、深化教育教学改革,培养社会主义建设者和接班人

完善拔尖创新人才培养体系,积极推进通识教育、科研训练和创新能力有机结合的人才培养模式改革,探索书院、学院协同的"双院制"育人体系,入选国家"基础学科拔尖学生培养实验计划",创建钱学森实验班、侯宗濂医学实验班等一批人才培养基地,开办工程坊,倡导体育精神;2007年以优异成绩通过教育部本科教学评估。深化研究生招生和培养机制改革,严抓培养和学位论文质量;全国优秀论文数量在全国高校中名列前茅;开展校外联合培养,启动工程博士培养,重视加强研究生国际化培养工作。

人才培养

校园鸟瞰(摄于2005年)

2009年6月8日,国务院总理温家宝来校看望学生。温家宝向同学们说:"国家的前途在于提高全民族文化素质,希望寄托在年轻一代身上。你们要刻苦学习,立志成才,做于人民、于国家有用的人才。"

温家宝走进学校图书馆,与正在这里看书的一些应届毕业生座谈。温家宝说,每个人可以选择不同的道路,但必须树立这样的信念,就是要以坚定的决心和坚忍不拔的毅力,迈出人生最重要的一步。不论做什么工作都要把它做好。座谈会后,温家宝还来到学校食堂,与同学们共进晚餐。

离开学校时,总理面对不散的师生深情地说:百年交大永远年青,同学们永远富有生机。

2003年以来，学校系统推进四项重大改革：实施"2+4+X"人才培养新模式，建立学生创新实践的工程坊，推行本科生书院制，倡导体育精神。

2005年学校成立文治苑，在全国率先实行书院制，成为我国最早推行现代书院制的高校之一，2008年将全体本科生纳入书院制管理，2016年成立钱学森书院。自此学校形成了9个书院与27个学院（部、中心）协同育人的格局。

2005年9月文治苑成立大会举行

2009年，学校成为首批入选国家"基础学科拔尖学生培养试验计划"的11所学校之一。先后开设工科试验班（钱学森班）、医学试验班（侯宗濂班）、数学试验班等8个拔尖人才培养试验班。

2010年10月学校举行唐仲英基金会"基础学科拔尖人才培养项目"捐赠仪式

2006年10月"纵论四海 九州名家"高端报告会获得教育部、团中央"五个一"工程奖

2007年7月香港著名实业家田家炳先生捐资修建田家炳艺术楼,以支持学校艺术学科发展

2007年学校接受教育部本科教学工作水平评估,荣获"优秀"。评估专家组一致认为:学校办学指导思想明确,本科教学的中心地位突出;全面构建创新型人才培养体系,教育教学改革成效显著;坚持培养与引进相结合,建设一支高水平的师资队伍;加强教学管理队伍和管理制度建设,教学质量监控与保障体系完整有效;全面推进素质教育,学生综合素质高。

2007年11月学校举行本科教学工作水平评估反馈意见大会

2000年6月23日全国学位与研究生教育发展中心"西安研究基地"暨"陕西省学位与研究生教育发展中心"在西安交大成立

2003年1月首届EMBA专业学位研究生开学典礼举行

2011年11月首批获准开展工程博士专业学位授予工作（图为2012年9月首届工程博士研究生开学典礼举行）

2006年创办以"创源无限、启迪智慧、学贯东西、引领风骚"为宗旨的研究生科技论坛——"创源"论坛（图为郑南宁院士在第二届研究生"创源"科技论坛上做报告）

全国优秀博士论文及提名情况

年份	全国优秀博士学位论文	全国优秀博士学位论文提名
2003	4	
2004	2	3
2005	2	
2006	2	3
2008	1	2
2009	2	
2011	1	5
2012	3	2

注：截至2012年，学校累计荣获优秀博士学位论文26篇，提名40篇，居全国高校第九位。

国家级教学成果奖

年度	数量
2001	8
2005	10
2009	7

国家级精品课程

年度	数量
2003	5
2004	6
2005	3
2006	2
2007	3
2009	8
2010	8
2012	2

学生英姿

2000年8月学生交响乐团在中国西安第三届国际青少年管乐艺术节上获金奖

2002年5月张勇同学在国际英语演讲大赛中荣获"非英语国家"选手第一名

2004年12月辩论队荣获"中国名校大学生辩论邀请赛"冠军

2006年1月环境协会赴毛乌素沙漠调研防治沙漠化，调研成果荣获第十届"挑战杯"特等奖

2007年8月学生机器人队获第六届国际亚太大学生机器人大赛冠军

2008年6月姜伟荣获亚洲青年田径锦标赛男子三级跳远银牌

2009年6月研究生代表参加中国首届空中机器人大赛荣获固定翼组冠军

2011年4月学生志愿团队积极服务世园会

四、加强协同创新，增强科研竞争能力

以重点工程建设为契机，加强学科布局和建设，工、管等传统优势学科得到加强，基础学科得到巩固，医学学科建设成效明显，人文社科获得长足发展。依托高等学校创新能力提升计划，创新体制机制，面向工业国防建设前沿、行业产业关键、区域经济发展需求，成立一批协同研究中心，不断提升基础研究和应用研究能力，努力承担国家重大科研任务，产出一批国内领先的研究成果。高端制造装备协同创新中心入选国家"高等学校创新能力提升计划"（即"2011计划"）。

2004年7月,西安交大与中科院地球环境研究所签约联合建设国家大型科学仪器中心"西安加速器质谱中心",这是我国第一个地球科学研究加速器质谱实验室

2005年11月,国家发展和改革委员会发文,同意学校组建快速制造技术与装备国家工程研究中心(图为中心一隅)

2009年4月,光华教育基金会捐资1亿元支持医学学科建设

2010年5月,与日本研究所合作共建"西安交大-日本理化研究所"

2012年9月"国际应用力学中心"揭牌

2003年10月15日我国自主研制的"神舟"五号载人飞船发射成功,能动学院陈纯正教授团队承担了"神舟"五号的压缩机研制以及制冷系统完善等重要工作(图为陈纯正教授事迹报道及获得国家科技进步二等奖证书)

2005年电信学院项目组研制"神舟六号环控生保飞控决策支持软件"。其后该项目组开发的决策支持系统还应用于"神舟"七号、"天宫"一号、"神舟"八号、"神舟"九号载人航天任务等,均获得圆满成功(图为中国航天员科研训练中心航天员杨利伟等致谢学校的信件)

2012年12月，学校与西电集团经过六年联合攻关，自主研制成功的系列特高压套管顺利通过国家能源局专家鉴定，其综合技术性能达到国内领先、国际先进水平，打破了国外技术垄断

学校以第一完成单位获国家科学技术奖、作为首席科学家单位主持的国家"973"项目、承担的国家自然科学基金项目数均保持全国高校前列；"微纳尺度材料形变特性及其尺寸效应"成果入选2010年中国高校十大科技进展。

2000—2012年学校以第一完成单位获得国家科学技术奖一览

序号	项目名称	第一完成人	等级	年度
1	快速成型制造若干关键技术及其设备	卢秉恒	国家科技进步二等奖	2000
2	类环状流微膜蒸发板翅式冷凝蒸发技术	吴裕远	国家技术发明二等奖	2001
3	柔性转子全频谱现场动平衡技术及其应用	屈梁生	国家技术发明二等奖	2003
4	环保节能型混合制冷剂的研究及其在冰箱中的应用	刘志刚	国家科技进步二等奖	2003
5	传热与流动过程数值预测原理及高效算法研究	陶文铨	国家自然科学二等奖	2004
6	空气介质电弧的测试、仿真、调控的关键技术及其应用	陈德桂	国家科技进步二等奖	2004
7	离散与混合生产制造系统的优化理论与方法研究	管晓宏	国家自然科学二等奖	2005
8	滴灌灌水器基于迷宫流道流动特性的抗堵设计及一体化开发方法	卢秉恒	国家技术发明二等奖	2005
9	复杂型腔工模具表面硬质薄膜材料制备成套设备及关键工艺技术	徐可为	国家技术发明二等奖	2005
10	大型离心压缩机关键共性技术及在石化、冶金行业的应用	王尚锦	国家科技进步二等奖	2005
11	磨机负荷优化控制共性技术的研究与开发应用	张彦斌	国家科技进步二等奖	2005
12	耐高温压力传感器设计、制造关键技术及系列产品开发	蒋庄德	国家技术发明二等奖	2006

续表

序号	项目名称	第一完成人	等级	年度
13	高温抗磨材料制备技术及其应用	邢建东	国家技术发明二等奖	2006
14	螺杆压缩机设计理论、关键技术及系列产品开发	邢子文	国家科技进步二等奖	2006
15	天地网远程教育关键技术、系列产品及其应用	郑庆华	国家科技进步二等奖	2006
16	基于认知与非欧氏框架的数据建模基础理论研究	徐宗本	国家自然科学二等奖	2007
17	复杂约束条件气液两相与多相流及传热研究	郭烈锦	国家自然科学二等奖	2007
18	数字视频时－空自适应处理关键技术及应用	郑南宁	国家技术发明二等奖	2007
19	高性能真空开关铜铬触头材料设计、关键制造技术及其应用	丁秉钧	国家科技进步二等奖	2007
20	电子元器件绝缘粉末包封理论、关键技术及系列产品开发	陈景亮	国家科技进步二等奖	2007
21	热喷涂涂层形成机制、结构与性能表征的应用理论研究	李长久	国家自然科学二等奖	2008
22	智能电器理论、关键技术及系列产品开发	王建华	国家科技进步二等奖	2008
23	大型回转机械结构裂纹的动态定量诊断技术与应用	何正嘉	国家技术发明二等奖	2009
24	高效低阻气体强化传热技术及其应用	何雅玲	国家技术发明二等奖	2009
25	油气集输的节能减排和安全高效关键工艺及装备	郭烈锦	国家技术发明二等奖	2009
26	产品复杂曲面高效数字化精密测量技术及其系列测量装备	蒋庄德	国家科技进步二等奖	2009
27	过电压防护的雷电流测试关键技术及其系列测试设备	姚学玲	国家科技进步二等奖	2009
28	嵌入式软测量柔性开发平台关键技术及系列智能测控仪器装置开发	韩九强	国家科技进步二等奖	2009
29	人类基因组多态性和特殊微量物证个体识别关键技术及应用	李生斌	国家科技进步二等奖	2009
30	高强韧铸造耐磨材料制备技术及应用	邢建东	国家技术发明二等奖	2010
31	汽液两相流升压加热与液位控制关键技术及其应用	严俊杰	国家科技进步二等奖	2010
32	双剪统一强度理论及其应用	俞茂宏	国家自然科学二等奖	2011

续表

序号	项目名称	第一完成人	等级	年度
33	基于异构信息融合的非线性动态系统估计技术及应用	韩崇昭	国家科技进步二等奖	2011
34	供用电系统谐波的有源抑制技术及应用	王兆安	国家科技进步二等奖	2011
35	多尺度多物理场耦合的复杂系统中流动与传热传质机理研究	何雅玲	国家自然科学二等奖	2012
36	压电和电磁机敏材料及结构力学行为的基础研究	沈亚鹏	国家自然科学二等奖	2012
37	细胞膜色谱技术及其在中药筛选中的应用	贺浪冲	国家技术发明二等奖	2012
38	高性能复相碳化硅陶瓷内加热器关键技术及应用	乔冠军	国家技术发明二等奖	2012
39	开关电器大容量开断关键技术及应用	贾申利	国家科技进步二等奖	2012

2008年以第一完成单位荣获国家自然科学奖1项、国家技术发明奖2项、国家科学进步奖2项

2010年1月，孙军教授团队研究发现金属孪晶变形的强烈晶体尺寸效应，这一研究成果在《自然》发表。年底，孙军教授团队"微纳尺度材料形变特性及其尺寸效应"研究入选中国高等学校十大科技进展

2012年以第一完成单位荣获国家自然科学奖2项、国家技术发明奖2项、国家科技进步奖1项（左起依次为第一完成人贾申利、乔冠军、何雅玲、沈亚鹏、贺浪冲）

人文社科坚持重点和特色发展，努力形成交大学派，创造优异成果，推出名师名家，培养一流人才。承担的国家社科基金重大项目、教育部人文社科重大攻关项目以及获得教育部哲学社科优秀成果奖均取得重要突破。社会科学·综合首次进入ESI全球1%。

2002年中－欧战略管理学术研讨会举行

2011年6月西安交大中国地方政府创新研究中心成立

2001年朱楚珠教授荣获第四届中华人口奖

2002年薛养贤教授作品荣获"首届中国书法兰亭奖·创作奖"

2010年冯宗宪《中国高科技企业成长问题研究》入选《国家哲学社会科学成果文库》

李树茁荣获2011年度复旦管理学杰出贡献奖

2009—2011年，王宏波教授《工程哲学与社会工程》、冯宗宪《开放经济下的服务贸易壁垒和动态比较优势》、李树茁《国家关爱女孩行动的政策创新——战略规划、治理模式与实践》荣获陕西省哲学社会科学优秀成果奖一等奖

五、实施人才强校战略，建设高水平人才队伍

贯彻科学人才观，实施人才强校战略，大力推进"卓越人才计划""腾飞人才计划""领军学者"等，2009年学校被中央人才工作协调小组批准为"海外高层次人才创新创业基地"。积极探索用人体制机制改革，成立了以前沿科学技术研究院为代表的人才特区。成立国家级教师教学发展中心，强化教师教学水平和能力提升，在全国高校发挥了示范引领作用。推进医学教育管理体制改革，组建了西安交通大学医学部。推行新教师准聘、长聘制度，建立健全师德师风建设长效机制。稳步推进国际化优秀团队建设，构建与国际一流大学可比的师资队伍体系。

2000年9月陈佳洱、周光召、杨振宁、简悦威4位院士受聘学校名誉教授仪式举行

2004年12月学校召开人才强校工作会议，大力推进人才强校战略

2012年12月教育部正式授牌学校教师教学发展中心为"国家级教师教学发展示范中心"

2003年马知恩、陶文铨、冯博琴入选国家级教学名师

2006年何雅玲、王兆安入选国家级教学名师

2011年罗先觉入选国家级教学名师

2006年4月刘志刚荣获"全国师德标兵"称号

2012年，孙军（右）荣获全国五一劳动奖章，徐宗本（中）、陈彦（左）获陕西省先进工作者称号

优秀教学团队

序号	国家级教学团队	所在学院	带头人	获评时间
1	热工基础课程教学团队	能动学院	何雅玲	2007
2	计算机基础教学团队	电信学院	冯博琴	2007
3	电力电子与新能源技术研究中心	电气学院	王兆安	2008
4	大学数学系列课程教学团队	理学院	马知恩	2008
5	电工基础课程教学团队	电气学院	罗先觉	2009
6	生理学教学团队	医学中心	闫剑群	2009
7	计算机网络与体系结构教学团队	电信学院	郑庆华	2010
8	工业工程专业教学团队	管理学院	孙林岩	2010
9	药理学教学团队	医学院	臧伟进	2010

由中国科学院陶文铨院士、何雅玲院士带领的热工基础课程教学团队，是一支特色鲜明、在国内外具有重要影响的高水平教学科研团队。2007年被遴选为国家首批优秀教学团队，2008年获教育部创新团队称号。团队先后获得国家自然科学二等奖（2004年）、国家技术发明二等奖（2009年）、教育部自然科学一等奖（2011年）、国家科技进步奖创新团队奖（2017年）等。

陶文铨院士团队

60年来，学校工科数学的课程建设和教学改革一直走在全国前列。在前七届国家大学工科数学课程教学指导委员会中，我校担任了五届主任委员和两届副主任委员。工科数学课程团队是由马知恩教授领衔的国家级优秀教学团队，拥有两门国家精品课程、两部国家精品教材、一名国家教学名师和三名省级教学名师。1980年以来，承担了教育部教学专项课题13项，获国家教学成果奖和优秀教材奖9项。

马知恩教授团队

六、围绕国家地区重大需求，提高服务经济社会发展能力

积极参与国家经济社会发展重大课题，深化与省内外重要研发机构、知名企业、经济金融机构的战略合作，与广东、陕西、江苏等省共建研究院和科技园，共同落实创新驱动发展战略。加快网络教育和继续教育发展，为全国特别是西部人才培养作出积极贡献。服务国家和地方医疗卫生事业，附属医院发挥西部领军作用，推进优质医疗资源下沉和医联体建设。坚持把对口支援新疆大学等高校，帮扶陕西、云南等地国家级贫困县作为重要政治任务抓紧抓实，成效显著。积极承担抗击非典、汶川地震、玉树地震等重大自然灾害抢险救灾任务，大批医护人员赶赴一线，彰显了交大人的大爱情怀和责任担当。

学校医务工作者坚持生命至上，积极投身抗击非典和抗震救灾工作（图为2003年9月举行抗击非典先进集体及先进个人表彰大会）

2009年与新疆大学在全国率先实施2+2联合培养本科生新模式。承担对口支援任务以来，学校帮助新疆大学实现了工科博士点零的突破后，培养数十名具有硕博士学位的教师，为新疆大学进入"双一流"建设高校奠定了基础（图为新疆少数民族科技骨干特殊培养班结业典礼）

学校依托人才和科技创新优势，通过人才培训、医疗服务、对口支援等多样形式支援贫困落后地区发展（图为2012年10月学校支持平利县域经济发展框架协议签约仪式）

2008年5月西安交大一附院汶川地震医疗队全体队员合影

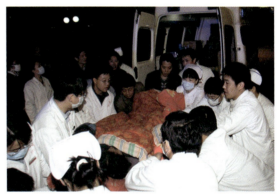

2010年4月16日，二附院救治玉树地震伤员

2010年12月与中国西电集团签署"能源装备关键技术及产业化发展战略合作协议"

2011年3月与中国核工业集团公司签署战略合作协议

七、持续拓展国际合作，提升国际交流水平

加大实施"高等学校学科创新引智计划项目""海外名师项目"等，吸引国际杰出人才和优秀外籍教师来校工作；继续推进与国外一流研究机构的实质性合作交流，建立多个联合研究中心；逐年扩大留学生规模，积极拓展学生与世界名校的交流活动。加强与世界一流大学交流合作，提升人才培养的国际化水平。2007年、2009年分别与美国内布拉斯加大学林肯分校、英国利物浦大学合作成立了2所海外孔子学院。

2006年5月学校承办第四届中日大学校长论坛

2006年5月，经教育部正式批准，西交利物浦大学在苏州揭牌，其是由西安交通大学和英国利物浦大学合作设立，具有独立法人资格的国际大学

2009年利物浦大学校长霍华德·纽比爵士访问学校并受聘学校名誉教授

2009年8月学校第一个国际性学术研究中心"国际电介质研究中心"成立（图为2012年10月电介质研究中心举办国际电介质会议）

2012年4月，诺贝尔生理医学奖获得者马丁·埃文斯、诺贝尔物理学奖获得者戴维·格罗斯、诺贝尔物理学奖获得者乔治·斯穆特受聘学校名誉教授并做学术报告

2007年7月乌马阿里成为学校第一位获得医学博士学位的留学生

2012年8月，莫斯科大学首批来华研修师生150人抵达我校开展研习

八、加强基础设施和校园环境建设，扎实推进民生工程

努力改善师生员工学习工作生活条件，增强师生员工的获得感。积极筹措资金，逐步提高在职人员和离退休同志的收入水平；建成"曲江新村"教职工住宅，改造完成教职工兴庆、雁塔校区住宅，争取地方政府廉租房等，有效改善教职工住房状况；积极推进东西校区旧楼电梯加装工程；建成国际电介质研究中心、教学主楼、外文楼、文体中心、电气科研大楼、前沿科学技术大楼等一批重要基础设施。

2001年11月康桥苑开业。康桥苑总面积16370平方米，可同时容纳近万人就餐

2006年正式启用的教学主楼

2012年前沿院大楼外景

九、坚持优良传统，培育优秀大学文化

确立了"文化强校，校强文化"的总体思路，努力建设以西迁精神、钱学森道路和老交大传统为核心的大学文化体系，增强师生精神认同和文化自信；开展老校长彭康、著名电机工程专家钟兆琳、人民科学家钱学森等百年诞辰活动，为师生树立学习楷模。新建或扩建了西迁历史纪念馆、秦腔博物馆、博物馆、钱学森展览馆等一批重要文化场馆。

2001年8月学校隆重举行纪念彭康校长诞辰100周年座谈会

2006年4月交通大学西迁50周年纪念座谈会举行，各界领导嘉宾及师生代表齐聚一堂，缅怀西迁岁月，共话"西迁精神"

2006年4月交通大学西迁历史纪念馆开馆

2009年5月反映学校西迁历史的大型秦腔现代剧《大树西迁》首演，该剧在第十一届中国戏剧节上荣获曹禺戏剧奖

2009年4月,为发扬光荣传统,继承优良学风,为莘莘学子树立人生楷模,经广大师生投票推选和学校研究决定,钱学森、张光斗、吴文俊、徐光宪、江泽民五位学长荣膺"西安交通大学最受崇敬校友"称号(图为2011年4月学校在人民大会堂举行纪念钱学森百年诞辰图书出版发布会)

2009年9月由学校和陕西省文化厅联合共建的中国首个秦腔博物馆——陕西秦腔博物馆在西安交大落成,其为陕西高校中第一个教育部中华优秀传统文化传承基地

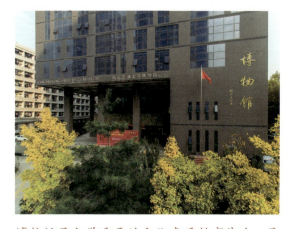
博物馆是大学重要的文化素质教育基地,是陶冶校园人文情操的重要载体,也承担着保存、传承人类文化的社会责任。西安交通大学博物馆始建于2004年,2013年迁到现址,有藏品4900余件

为纪念辛亥革命100周年,学校于2011年5月举行孙中山先生铜像揭幕仪式

2012年3月学校举行钟兆琳教育思想研讨会

第十二章　新时代新征程（2012—2021）

十八大以来，学校坚持以习近平新时代中国特色社会主义思想为指导，认真贯彻落实习近平总书记来校考察重要讲话精神，全面贯彻党的教育方针，坚持社会主义办学方向，牢记为党育人、为国育才使命，坚持"扎根西部、服务国家、世界一流"办学定位，立足"两个大局"，胸怀"国之大者"，坚持"四个服务"和"四个面向"，以"双一流"建设为契机，传承弘扬西迁精神，勇担国家使命，共创交大荣誉，全力推进中国特色世界一流大学建设，为西部发展、国家建设贡献更多智慧和力量。

一、西迁精神永放光芒

2005年12月，学校党委常委会研究决定将西迁精神概括为"胸怀大局、无私奉献、弘扬传统、艰苦创业"。

西迁老同志行走在校园内

2017年11月30日，15位西迁老同志写信给习近平总书记，建议"在全国教育和科技战线开展以'爱国、奋斗'为核心的奉献报国精神的教育""引导和鼓励更多知识分子到祖国最需要的地方干事创业，为实现中华民族伟大复兴中国梦发挥更大作用"。

12月11日，习近平总书记对老教授的来信作出重要指示：向当年响应国家号召献身大西北建设的交大老同志们致以崇高的敬意，祝大家健康长寿、晚年幸福。也希望西安交大师生传承好西迁精神，为西部发展、国家建设奉献智慧和力量。

2017年11月30日西迁老同志写给习近平总书记的信

在2018年新年贺词中，习近平总书记再次提到西安交大西迁的老教授们，指出"他们的故事让我深受感动。广大人民群众坚持爱国奉献，无怨无悔，让我感到千千万万普通人最伟大，同时让我感到幸福都是奋斗出来的。"

2018年6月29日《中共中央组织部 中共中央宣传部关于在广大知识分子中深入开展"弘扬爱国奋斗精神、建功立业新时代"活动的通知》指出，习近平总书记高度赞扬以钱学森、邓稼先、郭永怀等"两弹一星"元勋和西安交通大学"西迁人"为代表的老一辈知识分子"党让我们去哪里，我们背上行囊就去哪里""始终与党和国家的发展同向同行"的家国情怀和奉献精神，充分肯定以黄大年、李保国、南仁东、钟扬等为代表的新时代优秀知识分子"心有大我、至诚报国"的感人事迹和爱国情怀，强调面对新的征程、新的使命，需要在知识分子中弘扬这种传统、激发这种情怀。

2018年11月西安交通大学"西迁人"爱国奋斗先进事迹报告会在人民大会堂举行。报告会前,中共中央政治局委员、国务院副总理孙春兰会见报告团成员

2018年12月11日学校举办"弘扬爱国奋斗精神 建功立业新时代"西迁精神图片实物展

2019年9月25日"西迁人"爱国奋斗先进群体被授予"最美奋斗者"称号

2018年12月11日,在习近平总书记对西迁老教授来信作出重要指示一周年之际,交大西迁博物馆正式落成开展

2020年4月22日下午,习近平总书记来到西安交通大学,走进交大西迁博物馆,参观交大西迁的创业历程和辉煌成就展。

习近平仔细端详一张张照片、一件件实物。在一层大厅,习近平亲切会见14位西迁老教授,祝愿他们身体安康、家庭幸福。习近平指出,"西迁精神"的核心是爱国主义,精髓是听党指挥跟党走,与党和国家、与民族和人民同呼吸、共命运,具有深刻现实意义和历史意义。要坚持党对高校工作的全面领导,坚持立德树人,建设高素质教师队伍,努力培养更多一流人才。习近平勉励广大师生大力弘扬"西迁精神",抓住新时代新机遇,到祖国最需要的地方建功立业,在新征程上创造属于我们这代人的历史功绩。

2021年9月29日,党中央批准了中央宣传部梳理的第一批纳入中国共产党人精神谱系的伟大精神,在中华人民共和国成立72周年之际予以发布。西迁精神入选其中。

二、坚持和加强党的全面领导，开创党建工作新局面

办学人物

党委书记 张迈曾
2014年4月—2020年11月在任

校长 王树国
2014年4月至今

党委书记 卢建军
2020年11月至今

坚定不移加强党的全面领导，不折不扣贯彻落实党中央决策部署

自觉用习近平新时代中国特色社会主义思想武装头脑、指导实践、推动工作，坚定捍卫"两个确立"，坚决做到"两个维护"，确保党中央决策部署在学校落地见效。

2020年12月，校党委书记卢建军做党的十九届五中全会精神主题宣讲报告

2021年7月召开学习贯彻习近平总书记"七一"重要讲话精神暨"两优一先"表彰大会

坚持开展"党的群众路线"教育实践活动、"三严三实"专题教育、"两学一做"学习教育、"不忘初心、牢记使命"主题教育和党史学习教育等，成效明显。

2019年11月学校召开领导班子"不忘初心、牢记使命"专题民主生活会

2021年3月召开全校党史学习教育动员部署大会

积极配合中央巡视，全面抓好整改落实。坚定不移推进全面从严治党，营造风清气正的政治生态。校领导班子坚决落实中央"八项规定"，制定并严格遵守《约法十则》《用权十要》《十要干》等制度机制。

2021年9月，党委召开落实中央巡视整改任务工作动员部署会

坚持和完善党委领导下的校长负责制，充分发挥党委把方向、管大局、作决策、抓班子、带队伍、保落实作用。巩固发展统一战线，制定《加强新形势下学校统一战线工作实施意见》，强化党外知识分子思想引领，扎实开展民族团结进步创建工作；积极推进学校民主管理，进一步发挥工会、共青团等群团组织作用，持续加强离退休工作，广泛凝聚改革发展合力。

全面贯彻新发展理念，制定实施学校"十三五""十四五"规划纲要、"双一流"建设方案、综合改革方案、落实新时代教育评价改革工作方案等，开启了学校高质量发展新局面。公布实施《西安交通大学章程》，以此为准则，推进现代大学制度和治理体系建设。

2015年7月召开中共西安交大第十二次代表大会，会议主题是"凝心聚气，全力创新，在实现中国梦征程中加快建设世界一流大学"。会议明确"扎根西部、服务国家、世界一流"的办学定位，提出了未来奋斗目标，部署了包括创新港建设在内的五大重点任务

贯彻落实新时代党的建设总要求和新时代党的组织路线，强化学校党委"六个过硬"、院级党组织"五个到位"、党委工作部门"六个加强"、党支部"七个有力"，充分发挥党组织战斗堡垒作用、党员先锋模范作用。学校党委获"全国先进基层党组织"称号。

入选新时代高校党建示范创建和质量创优行列党组织名单

名称	荣誉	备注
能动学院党委	全国党建工作"标杆院系"	首批
大学生党委	全国党建工作"标杆院系"	第二批
第一附属医院党委	全国党建工作"标杆院系"	第三批
材料学院微纳师生联合党支部	全国党建工作"样板支部"	首批
第二附属医院麻醉手术党支部	全国党建工作"样板支部"	首批
机关与直属单位党委网络信息中心党支部	全国党建工作"样板支部"	第二批
数学与统计学院应用数学党支部	全国党建工作"样板支部"	第二批
第一附属医院心血管内科党支部	全国党建工作"样板支部"	第二批
能动学院热流科学工程系党支部	全国党建工作"样板支部"	第三批
第二附属医院呼吸与危重症医学科党支部	全国党建工作"样板支部"	第三批
人文学院社会学系师生联合党支部	全国党建工作"样板支部"	第三批
人居学院环境科学党支部书记工作室	全国高校"双带头人"教师党支部书记工作室	首批
能动学院核科学与技术党支部书记工作室	全国高校"双带头人"教师党支部书记工作室	第二批

2016年西安交通大学党委荣获中共中央"全国先进基层党组织"荣誉称号

2020年西安交通大学第一附属医院党委荣获中共中央"全国先进基层党组织"荣誉称号

三、创新体制机制，探索一流大学建设新形态

围绕"探索一流大学新形态、塑造立德树人新架构、构筑科教融合新高地、创新国际合作新模式、打造一流学科新格局"的一流大学"五新"发展理念，坚持"理科补短强基、工科扩新强优、医科交叉强质、文科经典强用"的一流学科"四强"建设思路，推进学校内涵式高质量发展。贯彻落实"一带一路"倡议、创新驱动发展战略、西部大开发战略，创建中国西部科技创新港，探索一流大学建设新形态。

推进"双一流"建设

2016年4月8日建校120周年暨迁校60周年之际，学校隆重举行建设世界一流大学誓师动员大会

2017年9月20日教育部、财政部、国家发展改革委联合发布《关于公布世界一流大学和一流学科建设高校及建设学科名单的通知》，学校成为全国36所一流大学A类建设高校之一，8个学科入选一流建设学科。强化"质量、成效、特色、贡献"导向，编制实施新一轮"双一流"建设方案。学科整体水平不断提升，16个学科进入ESI前1%，4个学科进入前1‰，工程学进入前万分之一，全球排名第9。

入选"双一流"建设学科名单
(2021)
力学
机械工程
材料科学与工程
动力工程及工程热物理
电气工程
信息与通信工程
管理科学与工程
工商管理

ESI学科排名前1%学科领域
（截至2021年5月）
工程学
材料科学
临床医学
计算机科学
化学
药理学与毒理学
物理学
数学
地球科学
生物与生物化学
社会科学
神经科学与行为学
分子生物与遗传学
经济学与商学
环境科学与生态学
免疫学

建成启用中国西部科技创新港

坚持"国家使命担当、全球科教高地、服务陕西引擎、创新驱动平台、智慧学镇示范"定位，2014年学校考察选址、启动建设中国西部科技创新港，2017年开工建设，2018年启动内涵建设，2019年正式入驻举行开学典礼，2020年举办"科创月"活动、创新港专列开行，2021年4月推进"产教融合、协同育人"创新工程。截至2021年，创新港科教版块完成160万平方米的一期工程，获得中国建设工程鲁班奖。理工医文四大版块29个研究院、8个大型仪器设备共享平台和近400个科研机构、智库入驻，打造国家战略平台，探索现代大学与社会发展融合新模式、新形态。积极发挥秦创原创新驱动平台总窗口作用，与51家领军企业联合共建校企高度融合的研发平台，助力打造服务新时代西部大开发形成新格局的创新引擎。

2014年6月党委书记张迈曾、校长王树国赴西咸新区实地考察中国西部科技创新港选址

2015年12月中国西部科技创新港项目荣获第四届全国教育改革创新特别奖

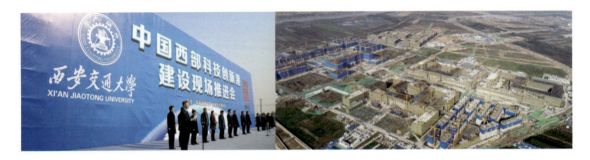

2017年2月26日，中国西部科技创新港建设现场推进会召开，科创基地主体工程开工建设；11月20日，创新港教学科研板块159万平方米主体工程实现全面封顶（图为创新港科创基地开工建设和施工现场）

2019年4月8日，高端装备研究院在中国西部科技创新港揭牌成立，拉开了各研究院进驻的序幕

2019年9月7日，中国西部科技创新港进驻元年、西安交通大学2019级研究生开学典礼在创新港举行

2020年9月5日，中国西部科技创新港"科创月"活动启动，向全世界集中展示了科技成果，开启全球合作模式，成为重大的国家战略性平台

2020年9月10日，时值西安交大第4个西迁纪念日，"致敬西迁精神、科技报国再出发"，创新港专列开行活动举办（图为西迁老教授参加创新港专列活动）

学校坚持"大规划、小切口,加速度、抓落实"工作思路,依托中国西部科技创新港推进教研一体、学科交叉、产教融合、协同育人、联合攻关,实施"6352"工程,即"政产学研用金"6进创新港,建设"现代产业、未来技术、丝路国际"3个学院(孵化器),营造"政策、金融、服务、配套、法律"5大生态,打造"创投、交易"2个支撑平台,促进创新资源供给和产业需求对接、金融资本和科技成果碰撞转化,真正实现产教融合、协同育人,发挥好创新港作为秦创原创新驱动平台总窗口的作用。

2021年4月举行"产教融合、协同育人"创新工程启动大会

2021年创新港科创基地项目荣获"2020—2021年度第一批中国建设工程鲁班奖"

四、为党育人、为国育才

学校坚持立德树人根本任务,持续完善德智体美劳"五育并举"育人体系,努力培养担当民族复兴大任的时代新人。提出并实践"思政引领、品行养成、知识传授、能力培养、思维创新"的"五位一体"育人模式,实施大类招生和通专融合培养,建立本硕博贯通培养体系,实施教研一体、学科交叉、产教融合、协同育人、联合攻关,在创新中培养创新人才。2018年获国家教学成果奖11项,并列全国第一。本科生深造率65%,就业去向落实率99%以上,全国领先,60%毕业生到西部和国家重点领域、关键岗位工作。

2017年5月15至18日教育部高等教育教学评估中心专家组对学校本科教学工作审核评估,一致认为:西安交大是一所历史悠久、传统优良、学科齐全、成就突出的优秀大学,本科人才培养成绩突出,位列国内高校第一梯队,国际声誉良好。西安交大的办学定位和人才培养目标与国家经济社会发展、"一带一路"倡议、世界科技进步方向相适应,"西安交大是一所能在浮躁世界中放下一张平静书桌的地方"。

2017年5月教育部专家组关于学校本科教学工作审核评估反馈会举行

2016年12月成立本科生院、钱学森学院和创新创业学院，贯通本科生招生培养全过程，探索拔尖创新人才培养新路子，推行大类招生培养和学分制改革，构建创新创业教育生态体系，形成"8+8"大类招生培养新格局，即工科（机类、电类）、理科、管理、经济、医学、文科和外语 8 个大类，以及钱学森班、侯宗濂班、少年班、物理、数学、化学生物、计算机、人工智能 8 个试验班。

2016 年 12 月本科生院、钱学森学院、创新创业学院成立大会举行

2017 年全面启动学术型研究生贯通式培养改革

加强研究生国际化培养改革，近年 CSC 高水平博士研究生项目录取人数在全国高校稳居前列

2018 年被国务院学位委员会列为 20 所学位授权自主审核单位之一

2018 年 4 月校友蒲忠杰、张月娥伉俪捐资 1 亿元实施"越杰创新人才培养计划"

2019年1月成立人工智能学院，探索人工智能领域人才培养新模式。学校曾在全国率先成立人工智能专职研究机构——人工智能与机器人研究所。2018年设立以郑南宁院士为首席教授的人工智能拔尖人才培养试验班

新港报告（I Harbour Lectures）是具有学术引领普适性的英文系列讲座，由海内外著名学者与校内教师作为讲座人，讲座选题聚焦社会、学科热点话题，旨在展示"双一流"建设丰硕成果（图为2019年新港报告"医学与健康系列"开幕式现场）

2020年9月全国首个储能科学与工程专业创办，专业集中了全校优势学科力量，并与能源领域知名企业强强联合，面向国家重大需求，解决储能技术"高精尖缺"人才培养（图为储能科学与工程专业创办发布会）

2021年4月成立现代产业学院、未来技术学院，通过参与构建龙头企业牵头、高校院所支撑、各创新主体相互协同的创新联合体，组建"科学家＋工程师"团队，切实落实"双导师制"，在科技创新实践中培养创新人才。5月，未来技术学院入选全国12家首批未来技术学院名单

学校高度重视教学改革和课程建设、教材建设工作，2018年荣获国家级教学成果一等奖2项，二等奖9项，并列全国第一。2021年荣获首届全国教材建设奖一等奖2项、二等奖5项。历年各类"金课"建设立项数量均位居全国前列。

国家级教学成果奖

年度	数量
2014	5
2018	11

国家级精品一流课程

年度	数量
2013	3
2014	3
2015	1
2016	25
2017	18
2018	19
2019	41

学校菁英班名单

序号	菁英班名称	合作企业	开班时间
1	中科院自动化所菁英班	中科院自动化所	2012
2	中科院太空应用工程技术菁英班	中科院空间应用工程与技术中心	2016
3	360网络空间安全菁英班	北京奇虎科技有限公司	2016
4	百度大数据人工智能菁英班	北京百度网讯科技有限公司	2016
5	航天菁英班	中国航天系统科学与工程研究院	2017
6	华为云计算菁英班	华为技术有限公司	2017
7	中科曙光先进计算菁英班	中科曙光国际信息产业有限公司	2017
8	华为云计算菁英班（辅修双学位）	华为技术有限公司	2018
9	3D打印菁英班	西安增材制造国家研究院有限公司	2018
10	汇丰金融科技菁英班	汇丰银行	2019
11	中核菁英班	中国核工业集团公司	2019
12	华西能源菁英班	华西能源工业股份有限公司	2019
13	思特奇菁英班	北京思特奇信息技术股份有限公司	2019
14	航空发动机菁英班	中国航空发动机集团有限公司	2019

续表

序号	菁英班名称	合作企业	开班时间
15	严济慈物理学英才班	中科院物理研究所	2019
16	功率半导体国芯菁英班	湖南国芯半导体科技有限公司	2019
17	中望工软菁英班	广州中望龙腾软件股份有限公司	2020
18	5G无线通信菁英班	中兴通讯股份有限公司	2020
19	建行金融科技菁英班	中国建设银行股份有限公司陕西省分行	2020
20	未来电气菁英院—优也信息班	上海优也信息科技有限公司	2020
21	未来电气菁英院—物产中大班	物产中大元通电缆有限公司	2020
22	飞腾菁英人才班	天津飞腾信息技术有限公司	2020
23	华为 Harmony OS 菁英班	华为技术有限公司	2021
24	华为智能网络菁英班	华为技术有限公司	2021

2015—2021 年毕业生就业情况统计

年度		2016	2017	2018	2019	2020	2021
毕业生就业与深造情况	毕业人数	7335	7296	7483	7896	8634	8993
	本科深造率	59.93%	66.07%	64.26%	61.99%	63.30%	65.02%
	就业率	98.43%	98.45%	99.37%	99.46%	99.09%	99.10%
就业区域	西部地区	45.48%	45.23%	46.14%	45.97%	47.8%	49.61%
	东部地区	43.51%	43.91%	44.96%	45.49%	43.82%	39.38%
	中部地区	9.52%	8.95%	7.95%	7.48%	7.67%	10.00%
	东北地区	1.49%	1.91%	0.95%	1.06%	0.71%	1.01%
就业去向	重点单位	36%	40.3%	45%	52.69%	54.63%	56.29%
	大型骨干央企	18.87%	18.53%	17.56%	18.40%	22.85%	21.76%
	世界500强企业	28.07%	30.72%	32.24%	32.11%	34.54%	30.31%

着力推进"十大育人工程",实施"四个一百"(阅读一百本经典、认识一百位老师、参加一百场活动、聆听一百场报告)育人行动,健全"思政引领、品行养成、知识传授、能力培养、思维创新"五位一体育人模式,矢志培养立大志、明大德、成大才、担大任,堪当民族复兴重任,德智体美劳全面发展的社会主义建设者和接班人。2019年学校入选教育部"三全育人"综合改革和"一站式"学生社区综合管理模式建设试点高校。

2021年教育部"一站式"学生社区综合管理模式建设试点工作推进会在西安交通大学召开

2018年四个一百之"100本经典"发布会举行

以西迁精神为指引,引导广大青年学子心怀"国之大者",走中国青年知识分子成长的正确道路,将青春奋斗融入党和人民的事业,让青春之花绽放在祖国最需要的地方。累计2万余名学生开展"三下乡"社会实践,连年获评全国大学生志愿者暑期"三下乡"社会实践活动优秀单位;3万余人参与志愿服务,累计工时400万余小时,获中国青年志愿者服务项目大赛金奖等国家级奖项14项。

2015年8月学校无止桥团队志愿者们为重庆彭水县溪口村村民架起希望之桥

2017年启动实施"走中国青年知识分子成长的正确道路"研究生骨干研修营项目

2017年4月7日英雄航天员景海鹏校友回校做题为"勇敢站出来,接受祖国的挑选"的报告

2018年5月宗濂临床医学专业2015级本科生白玛央金获评"中国大学生自强之星标兵"

着力整合各方资源，积极构建实践教学和创新创业教育生态体系，打造具有交大特色的实验实践教学和创新创业教育体系，对学生自主创新创业实行持续帮扶、全程指导和一站式服务。2017—2021年全国高校学科竞赛成绩公布，西安交大位居全国第四；获得全国"互联网+"大赛金奖22项（全国并列第二），4次捧得全国"挑战杯"大赛"优胜杯"。扶持学生创立企业25家，估值近30亿元。

2017年10月第三届中国"互联网+"大学生创新创业大赛学校获奖数量居全国第一

2018年4月航模队首次夺得SAE国际航空设计大赛总冠军

2019年8月第六届中国研究生智慧城市技术与创意设计大赛全国总决赛举行，学校荣获11项奖项，创历年最佳成绩

2020年4月美国大学生数学建模竞赛成绩揭晓，学校获Outstanding Winner及冠名奖数量居全球第一

出台《西安交通大学新时代美育工作实施方案》《西安交通大学学生劳动教育实施方案》《西安交通大学体育改革方案》，落实立德树人根本任务，把美育、劳育、体育融入人才培养全过程，努力培养德智体美劳全面发展的栋梁。

2018年8月学生赛艇队勇夺世界大学生赛艇锦标赛银牌

2019年11月获第24届中国大学生乒乓球锦标赛男双冠军

2019年学校首次代表陕西省参加全国少数民族传统体育运动会，民族舞龙队获表演项目（竞赛日）三等奖

学校荣获2020—2021赛季中国大学生3×3篮球联赛全国总冠军

2018年4月起举办"樱花杯"诗词大赛。比赛面向所有在校学生,以弘扬中国优秀传统诗词文化,以文化人、以美育人,增强文化自信。目前已成功举办四届(图为首届"樱花杯"决赛后师生合影)

2018年10月辩论队荣获首届高校大学生电影辩论赛全国总冠军

2020年11月18日"高雅艺术进校园"原创音乐剧《花木兰》暨西安交通大学美育实践基地揭牌仪式在宪梓堂举行

五、坚持"四个面向",不断增强科研创新能力

始终把"四个面向"作为科研工作的行动指南,坚持"组建大团队、建设大平台、承担大项目、产出大成果"工作思路,深化科研体制机制改革,积极承担国家重大科研任务,不断增强科技创新实力,为国家民族作出"顶天立地"贡献。

国家基地平台

国家重点实验室重组改革稳步推进,国家重大科技基础设施、国家医学中心、军民融合创新平台3个国家级平台列入国家"十四五"规划,新增10个国家级、8个省部级重点科研基地。在2018年国家重点实验室评估中,5个国家重点实验室3个获"优秀"、2个获"良好",优秀实验室数量位居全国高校(工程和材料领域国家重点实验室)第一。

机械结构强度与振动国家重点实验室

2019年10月16日,国务院总理李克强来到西安交通大学考察国家重点实验室,充分肯定他们的创新成果。得知学校毕业生留在西部比例逐年上升,他高兴地说,过去有孔雀东南飞的现象,现在西部也在搭筑引凤高楼。他与院士、教授们亲切交谈,对他们扎根西部培养一代代人才表示感谢,希望学校为国家教育事业发展、重大科技攻关作出更大贡献。

2018 年国家重点实验室评估情况

序号	实验室名称	评估领域	评估结果
1	动力工程多相流国家重点实验室	工程领域	优秀
2	机械制造系统工程国家重点实验室	工程领域	优秀
3	金属材料强度国家重点实验室	材料领域	优秀
4	电力设备电气绝缘国家重点实验室	工程领域	良好
5	机械结构强度与振动国家重点实验室	工程领域	良好

系统行为与管理实验室 2021 年入选首批教育部哲学社会科学实验室（培育）

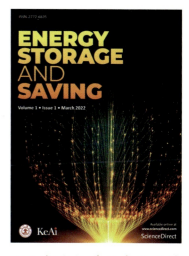

2019 年《药物分析学报（英文）》（学校第一本被 SCI 收录的期刊）入选"中国科技期刊卓越行动计划"重点期刊项目，是教育部主管、高校主办入选该项目的四种期刊之一

2019 年《西安交通大学学报》入选"中国科技期刊卓越行动计划"梯队期刊项目，全国仅前 2% 中文科技期刊入选

2021 年依托学校在国内外能源领域的学科优势创办的《储能与节能》（英文）入选"卓越行动计划"高起点新刊项目

重大科技成果

"十二五"以来,共获得国家科学技术奖39项,居全国高校第六位。2017年获得国家科学技术奖7项,位居全国高校第二。4项参与科技成果入选2020年十大国之重器,1项成果入选中国科学十大进展,2项成果入选中国高校十大科技进展。以第一单位牵头在《自然》《科学》《细胞》等国际顶尖期刊发表论文13篇。

2013年以来学校以第一完成单位获得国家科学技术奖一览

序号	项目名称	第一完成人	等级	年度
1	功能材料与结构的多场效应与破坏理论	王铁军	国家自然科学二等奖	2013
2	机械早期故障瞬态信息的小波熵检测与自适应提取理论	林京	国家自然科学二等奖	2013
3	高性能钼合金材料制备关键技术及其应用	孙军	国家技术发明二等奖	2013
4	复杂工况三维全场动态变形检测技术	梁晋	国家技术发明二等奖	2013
5	肾脏移植关键技术创新及临床应用	薛武军	国家科技进步二等奖	2013
6	个性化颅颌面骨替代物设计制造技术及应用	李涤尘	国家技术发明二等奖	2014
7	弛豫铁电体的微畴-宏畴理论体系及其相关材料的高性能化	姚熹	国家自然科学二等奖	2015
8	内燃机低碳燃料的互补燃烧调控理论及方法	黄佐华	国家自然科学二等奖	2015
9	皮肤与牙组织热-力-电耦合行为机理	卢天健	国家自然科学二等奖	2015
10	高效节能的连续螺旋推流强化传热技术及应用	王秋旺	国家技术发明二等奖	2015
11	大功率特种电源的多时间尺度精确控制技术及其系列产品开发	杨旭	国家科技进步二等奖	2015
12	视觉场景理解的模式表征与计算理论及方法	郑南宁	国家自然科学二等奖	2016
13	基于晶体缺陷调控的铁性智能材料新物理效应	任晓兵	国家自然科学二等奖	2016
14	直流配电系统大容量断路器快速分断技术及应用	荣命哲	国家技术发明二等奖	2016

续表

序号	项目名称	第一完成人	等级	年度
15	炎症损伤控制提高肝癌外科疗效的理论创新与技术突破	吕毅	国家科技进步二等奖	2016
16	西安交通大学热质传递的数值预测控制及其工程应用创新团队	陶文铨	国家科技进步奖创新团队奖	2017
17	金属材料强韧化的内在与外在微纳尺寸效应	孙军	国家自然科学二等奖	2017
18	太阳能光催化制氢的多相流能质传输集储与转化理论及方法	郭烈锦	国家自然科学二等奖	2017
19	高动态MEMS压阻式特种传感器及系列产品	赵玉龙	国家技术发明二等奖	2017
20	先进核动力系统多因素跨维度强耦合动态分析技术及应用	苏光辉	国家技术发明二等奖	2017
21	气液固凝并吸收抑制低温腐蚀的烟气深度冷却技术及应用	赵钦新	国家科技进步二等奖	2017
22	税务大数据计算与服务关键技术及其应用	郑庆华	国家科技进步二等奖	2017
23	网络化系统安全优化理论与方法及在能源电力等系统的应用	管晓宏	国家自然科学二等奖	2018
24	风电装备变转速稀疏诊断技术	陈雪峰	国家技术发明二等奖	2018
25	输电等级单断口真空断路器关键技术及应用	王建华	国家技术发明二等奖	2018
26	严重脊柱创伤修复关键技术的创新与推广	郝定均	国家科技进步二等奖	2018
27	汽轮机系列化减振阻尼叶片设计关键技术及应用	谢永慧	国家科技进步二等奖	2018
28	先进******分析关键技术及应用	吴宏春	国家技术发明二等奖	2019
29	跨临界CO_2热泵的并行复合循环关键技术及其应用	曹锋	国家科技进步二等奖	2019
30	高通量多靶标核酸自动化定量检测关键技术及产业化应用	彭年才	国家科学技术进步二等奖	2020
31	高端包装印刷装备关键技术及系列产品开发	梅雪松	国家科学技术进步二等奖	2020

2016年荣获国家科学技术奖4项
（左起：任晓兵、郑南宁、荣命哲、吕毅）

2017年荣获国家科学技术奖7项
（左起：苏光辉、郑庆华、郭烈锦、陶文铨、孙军、赵玉龙、赵钦新）

2018年荣获国家科学技术奖5项
（左起：谢永慧、郝定均、管晓宏、王建华、陈雪峰）

2019年荣获国家科学技术奖2项
（左起：曹锋、吴宏春）

2019年11月管晓宏院士荣获何梁何利科学与技术进步奖（电子信息技术奖）。截至目前，学校共11人获得过何梁何利科学与技术进步奖和科学与技术创新奖

2020年11月8日第十三届光华工程科技奖在京揭晓，共40位专家和1个团队获奖，蒋庄德院士获此殊荣

程海教授团队"亚洲季风的变化规律及其与全球气候变化的关系"项目入选2016年度中国高等学校十大科技进展

郭烈锦院士团队"煤炭超临界水气化制氢发电多联产技术"项目入选2017年度中国高等学校十大科技进展

电信学部徐卓教授团队研发成果"具有超高压电性能的透明铁电单晶"和视觉信息处理与应用国家工程实验室空间视觉团队参与研发的"嫦娥五号首次实现月面自动采样返回"两个项目入选2020年度"中国科学十大进展"（图为徐卓教授与李飞教授在一起）

"顶天立地"科技贡献

实施"创新驱动发展"战略，聚焦"国之大者"，服务国家需要，着力破解"卡脖子"难题，激发创新原动力，进一步加大原创性、引领性科技攻关力度，把提升原始创新能力摆在更加突出的位置，致力于打破国外技术垄断，实现更多"从0到1"的突破。

2020年5月7日中央电视台报道"我国成功完成首次太空'3D打印'"（图为连续纤维增强复合材料太空3D打印装备）

视觉信息处理与应用国家工程实验室空间视觉团队合影

"天问一号"发射场景

2020年5月5日，长征五号B运载火箭成功将搭载的新一代载人飞船试验船送入预定轨道，此次新一代载人飞船上还搭载了一件完全由我国科研团队自主研发的新型装备——连续纤维增强复合材料太空3D打印装备，这是我国首次太空3D打印实验，也是国际上第一次在太空中开展连续纤维复合材料的3D打印实验。该设备由西安交大卢秉恒院士、李涤尘教授等团队与航天科技五院529厂共同研制。

2020年11月24日，我国自主研发建造的"嫦娥五号"探测器采样视觉信息处理系统由人工智能学院郑南宁院士指导下的视觉信息处理与应用国家工程实验室空间视觉团队完成。2021年4月29日，中国空间站工程首个航天器天和核心舱顺利送入太空，郑南宁院士带领科研团队参与空间站机械臂视觉系统研制。

"天问一号"火星探测器应用了由材料学院柴东朗教授团队与合作单位历经十余年共同开发的目前世界上最轻的金属结构材料——新型镁锂合金。

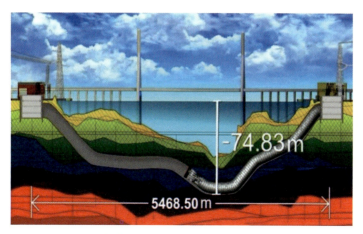

特高压电力大通道工程示意图

世界上电压等级最高（电压等级1000千伏）、输送容量最大（总输送容量达1000万千瓦）、技术水平最高（埋深最深、水压最高、管线总长最大）和安装精度最高的超长距离GIL创新工程——苏通1000千伏特高压交流GIL综合管廊工程建成投运，实现了世界电网技术的新跨越，是世界领先的开创性输电工程。电气科学与技术研究院彭宗仁教授团队及合作者攻克了世界首条穿江特高压电力大通道工程中特高压交流GIL输电绝缘和放电等关键核心技术问题，打破了国外垄断。

王铁军团队合影

"2020年央企十大国之重器"之一，国内首台F级50兆瓦重型燃气轮机顺利实现满负荷稳定运行，标志着我国突破了"卡脖子"关键技术，具备自主生产和替代进口的能力。空天与力学研究院王铁军团队参与该项重大研究项目攻关，并出版了我国第一套关于燃气轮机制造的专著。此外，在"北斗三号""华龙一号"等国之重器研制过程，学校亦参与其中，贡献重要智慧和力量。

"十二五"以来,学校人文社科高水平获奖研究成果快速增加,实现突破,获教育部一等奖 1 项、二等奖 12 项,陕西省一等奖 21 项。14 个智库入选中国智库索引,决策建言获中央和地方党政领导批示或采纳应用 360 篇次。

人文社科高水平获奖研究成果

序号	成果名称	申报人	年度	等级	授奖部门
1	中美投资协定谈判重要议题评估报告	单文华	2020	一等奖	教育部
2	中国非再生能源资源开发中的价值损失测度及补偿	李国平	2013	二等奖	教育部
3	资产价格、汇率波动与最优利率规则	李成	2013	二等奖	教育部
4	转型时期企业自主创新能力提升的研究	李垣	2015	二等奖	教育部
5	跨体制社会资本及其收入回报	边燕杰	2015	二等奖	教育部
6	Innovation in the Chinese Public Sector: Typology and Distribution	吴建南	2015	二等奖	教育部
7	中国和"一带一路"沿线国家的区域经济合作发展	冯宗宪	2020	二等奖	教育部
8	The Contagion Effect of Low-quality Audits at the Level of Individual Auditors	李留闯	2020	二等奖	教育部
9	中国式产业政策的实施效果:产业升级还是短期经济增长	孙早	2020	二等奖	教育部
10	中国人口性别结构与社会可持续发展	李树茁	2020	二等奖	教育部
11	The Knowledge Spillover Theory of Entrepreneurship in Alliances	高山行	2020	二等奖	教育部
12	服务型制造——基于"互联网+"的模式创新	李刚	2020	二等奖	教育部
13	关于建立国家级"一带一路法律服务与法治创新示范区"的建议	王朝恩	2020	二等奖	教育部
14	中国碳排放增长的驱动因素及减排政策评价	王锋	2013	一等奖	陕西省
15	跨体制社会资本及其收入回报	边燕杰	2013	一等奖	陕西省
16	学习效应、通胀目标变动与通胀预期形成	李成	2013	一等奖	陕西省
17	矿产资源有偿使用制度与生态补偿机制	李国平	2015	一等奖	陕西省
18	股权结构、上市状况和风险——来自中国商业银行的经验研究	程茂勇	2015	一等奖	陕西省
19	农民工生存与发展状况调查报告	杜海峰	2017	一等奖	陕西省
20	中国式产业政策的实施效果:产业升级还是短期经济增长	孙早	2017	一等奖	陕西省
21	陕西失能老人养老服务体系建设研究	张思锋	2017	一等奖	陕西省
22	或有事项信息披露及其经济后果:理论与实证	张俊瑞	2019	一等奖	陕西省

续表

序号	成果名称	申报人	年度	等级	授奖部门
23	中国本土领导角色研究——基于互动及社会化的视角	徐立国	2019	一等奖	陕西省
24	服务型制造：基于"互联网+"的模式创新	李刚	2019	一等奖	陕西省
25	颓废审美风格与晚明现代性研究	妥建清	2019	一等奖	陕西省
26	中国特色基本经济制度：攻克人类"公平与效率"难题的中国贡献	冯根福	2019	一等奖	陕西省
27	风险投资与企业创新："增值"与"攫取"的权衡视角	温军	2019	一等奖	陕西省
28	前沿技术差距与科学研究的创新效应——基础研究与应用研究谁扮演了更重要的角色	孙早	2019	一等奖	陕西省
29	The Bullwhip Effect in an Online Retail Supply Chain: A Perspective of Price-sensitive Demand Based on the Price Discount in E-commerce	高丹丹	2019	一等奖	陕西省
30	论社会学本土知识的国际概念化	边燕杰	2019	一等奖	陕西省
31	关于建立国家级"一带一路法律服务与法治创新示范区"的建议	单文华	2019	一等奖	陕西省

钟明善教授七卷本《中国书法史》2015年由日本美术新闻社出版发行，被纳入日本教材序列

2015年汪应洛院士（左）荣获"复旦管理学终身成就奖"

2020年单文华团队荣获第八届高等学校科学研究优秀成果奖（人文社会科学）一等奖

六、坚持人才强校战略，建设一流师资队伍

以习近平总书记关于新时代人才工作的新理念、新战略、新举措为指导，以"领军学者""青年拔尖人才""青年优秀人才"等人才计划为抓手，实施积极开放的人才引培用政策，形成了一支以领军人才为核心、骨干教师为主体、青年人才为后备的高水平师资队伍。坚持党管人才，成立党委教师工作部，加强各级党组织在培养、引进、用好人才中的政治把关作用；持续挖掘西迁精神新内涵，大力弘扬科学家精神。不断健全教师思想政治工作和师德师风建设长效机制，深入开展"走中国青年知识分子成长的正确道路"、新时代"大先生"讲坛等活动，"争做西迁精神新传人"，培养新时代"四有"好老师，400人次受到全国高校黄大年式教师团队、全国教育系统先进集体和个人、教书育人楷模、师德标兵等各级各类表彰奖励。

2019年4月中国西部海外博士后创新示范中心入驻中国西部科技创新港

举办"走中国青年知识分子成长的正确道路"专家研修班（图为2020年8月专家学者走进中国原子城，接受"两弹一星"精神的洗礼）

2021年6月开办"新时代大先生"讲坛，以培育弘扬高尚师德，提升教师思想政治素质，强化师德师风建设

师资力量

学校杰出人才

类别	人数
两院院士（含双聘）	45
国家级领军人才	157
国家级青年人才	180

中国科学院院士

周惠久
1980 年当选
金属材料及热处理

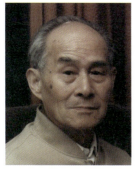

陈学俊
1980 年当选
热能与动力工程

姚熹
1991 年当选
电子陶瓷材料

侯洵
1991 年当选
瞬态光学与光电子学

安芷生
1991 年当选
第四纪地质学

王立鼎
1995 年当选
精密机械和微纳机械

王占国
1995 年当选
半导体材料

李济生
1997 年当选
卫星轨道动力学

张国伟
1999年当选
构造地质、前寒武纪地质学

姚振兴
1999年当选
地球物理学

陶文铨
2005年当选
工程热物理

贺林
2005年当选
遗传生物学

杨焕明
2007年当选
基因组学

王锡凡
2009年当选
电力系统及其自动化

周卫健
2009年当选
第四纪地质学

徐宗本
2011年当选
应用数学与智能信息处理

郝跃
2013年当选
微电子与固体电子学

李应红
2013年当选
航空推进理论与工程应用

顾瑛
2015年当选
激光在临床医学中的
应用研究

何雅玲
2015年当选
工程热物理

管晓宏
2017 年当选
系统工程

郭烈锦
2017 年当选
工程热物理与能源利用

孙军
2021 年当选
金属材料微观组织优化和力学性能研究

中国工程院院士

谢友柏
1994 年当选
机械设计与理论

刘兴洲
1995 年当选
冲压发动机

林宗虎
1995 年当选
热能工程

李鹤林
1997 年当选
高性能钢铁材料

周丰峻
1999 年当选
防护工程

邱爱慈
1999 年当选
高功率脉冲技术和强流电子束加速器

高金吉
1999 年当选
设备诊断与自愈工程

郑南宁
1999 年当选
模式识别与智能系统

张心湜
2001 年当选
泌尿外科

汪应洛
2003 年当选
管理科学与工程

屈梁生
2003 年当选
机器质量控制与监控诊断

孙九林
2003 年当选
地球与农业信息科学

雷清泉
2003 年当选
工程电介质材料及性能

卢秉恒
2005 年当选
机械制造与自动化

王浩
2005 年当选
水文水资源学

李立浧
2007 年当选
电力系统及其自动化

陈肇隆
2007 年当选
活体肝移植、肝脏移植、肝脏外科

张生勇
2009 年当选
手性配体和手性催化剂的设计、合成等

杨善林
2013 年当选
管理科学与信息系统工程

王广基
2013 年当选
药物代谢动力学

蒋庄德
2013 年当选
机械制造及其自动化

王辰
2013 年当选
呼吸病学与危重症医学

王华明
2015 年当选
金属增材制造

王双明
2017 年当选
煤炭资源勘查和矿区
环境保护研究

马丁
2017 年当选
肿瘤转移分子生物学

陈晓红
2017 年当选
管理科学及工程管理

师者楷模

2013 年施秉银荣获全国五一劳动奖章，2020 年荣获"全国先进工作者"荣誉称号

2015 年 8 月 21 日，卢秉恒院士做客李克强总理主持的国务院第一次专题讲座，讲授先进制造与 3D 打印

陶文铨荣获2019年度全国"最美科技工作者"（全国仅十位），2021年10月荣获全国第三届杰出教学奖

2019年10月，何雅玲院士荣获全国首届杰出教学奖（全国仅五位）

2020年11月，郑南宁院士荣获全国第二届杰出教学奖，同年荣获"全国先进工作者"荣誉称号

国家级教学名师

王小力
2020年入选

卢黎歌
2020年入选

徐忠锋
2021年入选

李继成
2021年入选

七、强化使命担当,服务经济社会发展

主动对接国家和区域重大战略需求,开展"跑5"工作,先后与14个省级政府签署全面战略合作协议,与国家电网、中核集团等一批国家和地方重点企业建立深层次合作关系,深化校地、校企务实合作。获批筹建国家医学中心和一批国家区域医疗中心,附属医院医务人员在抗疫一线作出突出贡献,荣获"全国抗击新冠肺炎疫情先进集体(个人)"称号。扎实做好对口支援工作,全力帮助定点帮扶地区巩固拓展脱贫攻坚成果同乡村振兴有效衔接。

与学校签署战略合作协议的省级人民政府

序号	地方政府	签约日期
1	甘肃省人民政府	2015年12月
2	广东省人民政府	2018年10月
3	山西省人民政府	2019年1月
4	江苏省人民政府	2019年5月
5	江西省人民政府	2019年5月
6	天津市人民政府	2019年8月
7	河北省人民政府	2019年11月
8	辽宁省人民政府	2019年11月
9	四川省人民政府	2019年11月
10	河南省人民政府	2020年6月
11	云南省人民政府	2020年8月
12	青海省人民政府	2020年12月
13	黑龙江省人民政府	2021年8月

2014年10月与陕西12市区签署战略合作协议,全面开启校地合作新起点、新模式、新篇章

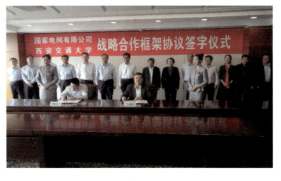

2017年,为加强产学研合作,抢占电力科技制高点,学校与国家电网签署战略合作协议。目前,学校与航空工业集团、国家电网等一批行业龙头企业签署协议,深入加强产学研融合

按照国家卫健委通知和陕西省卫健委安排部署，2020年1月底2月初，学校一附院、二附院等医疗机构的数百名医护人员启程赶赴武汉，参与新型冠状病毒肺炎疫情的防控工作

学校自2013年起承担中央单位定点扶贫、陕西省"两联一包""双百工程"高校结对帮扶等任务，助力云南省施甸县，陕西省平利县、横山区、柞水县等高质量脱贫摘帽，多次荣获上级表彰，在新时代新征途上继续助力帮扶地区乡村振兴事业（图为2021年学校获奖荣誉证书）

八、落实国家"一带一路"倡议,实施"一体两翼"国际交流合作战略

贯彻落实国家"一带一路"倡议,以"实施国际竞争力发展战略,大力拓展国际影响力"为目标,实施"一体两翼"国际化发展战略,领衔成立丝绸之路大学联盟,获批 12 个"111"引智基地,数量居全国第一。国际留学生教育在层次和数量上同步提升,学生覆盖 141 个国家和地区。师生出国出境访学交流日益广泛,2017 年学生出访 2562 人次,其中博士生公派国家覆盖率位居全国第一。

丝绸之路大学联盟

为积极落实习近平总书记提出的"一带一路"倡议及构建人类命运共同体理念,2015 年学校领衔成立丝绸之路大学联盟,联合国教科文组织与中国政府合作框架下开展工程科技专项培训,建立首个"一带一路"在线培训平台,已培养丝路"五通"人才 4 万余名,在泰国、俄罗斯等建立培训基地,被联合国教科文组织誉为"中国方案"。

2015 年领衔成立丝绸之路大学联盟,截至 2021 年底有来自 37 个国家和地区的 155 所高校加入联盟

2015 年 1 月,学校同外交部、商务部、中国社会科学院牵手成立丝绸之路经济带研究协同创新中心,致力于发展丝绸之路经济带建设的法律、政治、社会和文化层面合作与创新研究,培养卓越人才,服务国家和国际社会。于今,为深入开展实质性合作,丝绸之路大学联盟内分别建立了先进制造、管理科学、全球健康等领域的 13 个子联盟。

2015年1月,首届"丝绸之路学术带"高端论坛启动仪式举行

2018年1月,以丝绸之路大学联盟推进区域合作发展项目获第五届全国教育改革创新特别奖

国际交流合作

与全球200所高校建立合作关系,与国外著名研究机构共建国际联合研究中心13个,主动融入全球创新网络,与联合国教科文组织、中国工程院牵头创办"国际工程科技知识服务中心",与意大利米兰理工大学共建联合设计与创新学院,与牛津大学等高校合作建立了一批国际联合实验室等,打造西部开放合作新高地;创建全球校友协同创新中心,探索校友发展与母校发展互促机制。

2014年5月,美国内布拉斯加林肯大学校长团来访

2016年4月,Nature刊发对王树国校长的专访,全面展示学校学科优势、科技创新举措、国际化战略及丝绸之路大学联盟等情况

2016年4月，微纳制造与测试技术国际合作联合实验室揭牌成立

2019年9月，西安交大－米兰理工联合设计学院、西安交大－米兰理工联合创新中心正式入驻中国西部科技创新港

学校留学生教育有长足发展，无论留学生规模、生源国数量，还是学历人数都实现了跨越式发展。同时，以丝绸之路大学联盟为平台，推进丝路沿线国家的教育交流与合作。

依托丝路大学联盟，学校每年暑假举办大学夏令营，累计数百名联盟内高校师生参与其中，提高了学校在丝路国家的影响力，吸引了大批联盟内优秀生源来校攻读学位（图为2017年7月丝绸之路大学联盟夏令营合影）

学校高度重视留学生的交大情怀培养与中国文化认知，鼓励留学生参加国际文化节、汉语演讲比赛、感知中国等中国文化活动（图为2017年12月第六届国际文化节举行）

九、扎实推进"我为师生办实事",全面提升校园基础设施环境

聚焦师生急难愁盼问题,扎实推进"我为师生办实事"实践活动。全面提升师生员工学习工作生活条件,教工待遇大幅度提高,完成家属区老旧住房改造工程,创新港高端人才生活基地基本建成。推进社区居家养老综合服务中心建设,为西迁老同志等老年群体"晚年幸福"创造条件,提高老同志生活补贴,启动养老保险改革。落实改善教职工医疗保健工作方案,提升校医院医疗和公共卫生服务水平。

加强校园基础设施建设,建成中国西部科技创新港160万平方米的一期工程、全国首个"四网融合"的智慧学镇5G校园、材料科研与基础学科大楼、梧桐苑、学生事务大厅等。

2016年4月材料科研与基础学科大楼启用

2018年8月学生事务大厅正式启用

2021年4月党委书记卢建军调研交大社区综合养老服务中心项目,该项目是学校党委落实好习近平总书记重要指示精神,为西迁老同志的"健康长寿、晚年幸福"创造好条件建设的样板标杆项目

十、构建文化建设大格局,荣获"全国文明校园"称号

传扬西迁精神,实施思想建设、学术繁荣、文化引领三大工程,以"一院一品"和"文化+"为抓手,构建"塑心、育行、绘象、造境"文化建设大格局,制订实施繁荣师生文化生活方案,让精神文化融入大学治理、人才培养全过程,激励师生争做西迁精神新传人,争做"最美奋斗者",建功立业新时代。学校荣获第五届全国高校"礼敬中华优秀传统文化"十大示范项目,获评"全国文明校园"。

为欢庆西安交大建校120周年暨迁校60周年,2016年4月学校隆重举行"为世界之光——饮水思源之夜"大型校园文艺晚会

2016年4月举行抗战迁陕纪念建筑落成仪式,以纪念医学部和经金学院前身北平大学医学院和法商学院抗战迁陕79周年

2016年4月为纪念120周年校庆,由学校集中力量组织编写的10套17种校史与大学文化纪念出版物正式发行

2018年12月举办首届"爱国奋斗"精神论坛，研讨传承西迁精神，激励广大知识分子立足新征程新使命，接好时代的"接力棒"

2020年1月召开第二十九次团代会，号召全体团员青年"不忘初心团聚青春正能量，牢记使命谱写时代新篇章"

原创话剧《追忆西迁年华——向西而歌》入选中国科协"共和国的脊梁——科学大师名校宣传工程"

2020年11月学校荣获"全国文明校园"荣誉称号

2021年6月为庆祝中国共产党成立100周年，重温党的光辉历史，弘扬伟大长征精神，进一步激发全体师生员工爱党爱国的热情，学校举行长征组歌师生合唱汇演

后 记

校史是大学文化精神孕育创新的母体,也是凝聚共识、增强共同体意识的基础纽带。学校建校已有126年历史,西安交通大学和陕西财经学院、西安医科大学三校新世纪的合并于今也有22年。三校办学方向虽有分殊,然创办历史悠久,均为支援西部而由东部地区迁入,精神存在许多共通点。编撰一本既具可读性,又能相对系统呈现三校历史脉络和文化传承的历史读本,是师生校友一个共同心愿。2016年校庆前后学校筹划建设校史馆,同步启动编撰通识类校史读本,并列入"十三五"计划。2018年初,学校决定建设西迁博物馆,同年12月11日正式开馆。在西迁馆建设过程中,校史读本的体系内容同步得到学校老领导潘季、王文生、徐通模、朱宏亮和校史专家朱继洲、吴寿锽、贾箭鸣等的指导,经过梳理完善,采用图文并茂的形式,于2019年9月形成第一稿。经过三次向全校二级部门公开征集意见,完成第四稿修订。

结合中国近现代史进程,根据学校历史发展分期,同时考虑到阅读的方便,《图说校史》共分为十二章。各章由档案馆、博物馆老师分别承担,其中张小亚负责第一、二、四章,叶晨露负责第三章,杨澜涛负责第五、六、七章,成杏丽负责第八章,王青干负责第九章,洪楠负责第十章,姬晓鹏负责第十一、十二章。全书由杨澜涛协助统筹编订工作,档案馆、博物馆原馆长赵大良和现任馆长吕青负责指导全书定稿,最后经由学校相关部处组成的编审组予以审定通过。

本书的编写,同时得到了学校领导、校史专家、各单位的大力支持,出版社柳晨编辑为图书编排作出重要努力,西迁馆赵磊协助处理图片、邢夏菡协助审读书稿,在此一并表示衷心感谢。